驾驶员
安全停车技术
全/程/图/解 第三版
The Third Edition

王淑君 编著

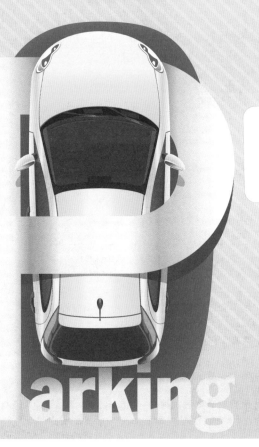

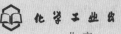

化学工业出版社

·北京·

内容简介

本书是《驾驶员安全停车技术全程图解》的第三版。

第三版在第二版的基础上进一步修订，增配了更多精美的动画演示视频内容。在阅读本书的过程中，只需扫描书内相应章节的二维码，即可观看动画视频，图文内容与动画视频相结合，更加直观易懂，易于理解和掌握。

此外，第三版内容更加系统实用，针对驾驶员日常停车过程中可能遇到的各种实际问题，从模拟训练方法到停车入位考试及实际停车入位的过渡技巧，都进行了全方位的解读，囊括了各种车型所有的日常安全停车、起步、倒车技术。

本书既适合已经取得驾驶证的驾驶员朋友学习、完善驾驶技术，成为一个技术娴熟的驾驶员，也适合正在驾校学车考证的人员阅读，还可作为驾校等驾驶培训机构日常教学和培训的参考教材。

图书在版编目（CIP）数据

驾驶员安全停车技术全程图解/王淑君编著. —3版. —北京：化学工业出版社，2023.8
ISBN 978-7-122-43195-0

Ⅰ.①驾⋯ Ⅱ.①王⋯ Ⅲ.①汽车驾驶员-行车安全-图解
Ⅳ.①U471.3-64

中国国家版本馆CIP数据核字（2023）第054199号

责任编辑：黄 滢　　　　　　　　　　　　装帧设计：王晓宇
责任校对：边 涛

出版发行：化学工业出版社（北京市东城区青年湖南街13号　邮政编码100011）
印　　装：北京瑞禾彩色印刷有限公司
710mm×1000mm　1/16　印张9　字数125千字　2024年2月北京第3版第1次印刷

购书咨询：010-64518888　　　　　　　售后服务：010-64518899
网　　址：http://www.cip.com.cn
凡购买本书，如有缺损质量问题，本社销售中心负责调换。

定　　价：69.00元　　　　　　　　　　　　　版权所有　违者必究

　　驾驶员要想做到日常安全停车，仅靠机动车驾驶员科目二考试中涉及的少量停车方法还是远远不够的，靠简单的机械模仿在实际停车过程中更是行不通。其主要原因：首先，实际驾驶中所用的车辆和驾校的车型不一定相同，不同类型的车，尽管基本操作方法大同小异，但在实际驾驶中还是会有这样那样的差别；其次，停车位的大小、形状等也不完全一致。这些差别往往就是导致停车入位失败和发生事故的根本原因。

　　因此，要做到日常安全可靠地停车，就需要学习和掌握一些关键的停车要领和技巧，并多加练习，积累经验，这样才能不断地提高自身的驾驶技术。

　　为帮助广大汽车驾驶员朋友，尤其是新驾驶员朋友和那些作为准驾驶员的驾校学员们，快速提高驾驶技能，掌握日常安全停车技术要领，在化学工业出版社的组织下，特编写了《驾驶员安全停车技术全程图解》一书。该书于2015年1月出版后，得到了广大读者的一致好评，并提出了许多宝贵的意见和建议。2017年5月，针对读者的意见和建议，及时进行了修订，又推出了第二版。

时间飞快，第二版出版至今又过去6年多了，考虑到这期间又出现了一些新的且更加先进的停车技术和方法，所以，对第二版的部分内容进一步进行了修订和更新，现推出第三版。

《驾驶员安全停车技术全程图解》（第三版）主要有以下几大特点。

1. 在第二版的基础上增配了更多精美的动画演示视频，内容更加丰富直观，与纸质书的配合也更加密切，易于理解、掌握和快速提高技术水平。

2. 内容更加系统实用，囊括了所有的日常安全停车、起步、倒车技术。如停车中盲区比较多，尤其是在倒车的时候，如果不能准确判断盲区里的车距，不能预见或感知盲区里的潜在危险，往往会导致事故发生。书中对其中的视觉奥妙，如何尽最大努力减小盲区，如何准确判断盲区里的车距，如何应对倒车雷达的盲区、倒车影像的盲区等，都做了细致的图解说明。

3. 继续保持了前两版的编写风格，语言文字更加精练、图片更加精美丰富。

4. 既适合已经取得驾驶证的朋友学习、完善驾驶技术，成为一个技术娴熟的驾驶员，也适合正在驾校学车考证的人员阅读，还可作为驾校等驾驶培训机构教学及培训的参考教材。

由于水平所限，书中难免还有疏漏和不足之处，敬请广大读者朋友批评指正。

编著者

目录 CONTENTS

第二部分　倒车入库与侧方停车考试技巧

第三部分　横向（垂直）停车场安全停车

第七部分　路边临时停车

第八部分　立体车库停车

第九部分 **不同车型及门禁系统停车技巧异同点对比**

第十部分 **小型牵引车安全停车**

本书配套动画演示视频清单
（扫描二维码观看）

序号	视频内容	二维码所在页码
1	倒车入库考试技巧	041
2	侧方停车考试技巧	060
3	垂直停车场安全停车	071
4	垂直停车场倒车入位事故预防	083
5	垂直停车场倒车出位事故预防	085
6	纵向停车场安全停车	090
7	纵向停车场倒车入位事故预防	095
8	纵向停车场停车出位事故预防	096
9	斜线停车场安全停车	098
10	斜线停车场倒车入位事故预防	101
11	斜线停车场前进出位事故预防	102
12	斜线停车场倒车出位事故预防	102
13	地下停车场上坡驾驶技巧	105
14	地下停车场下坡驾驶技巧	106
15	地下停车场旋转式通道上坡驾驶技巧	106
16	地下停车场旋转式通道下坡驾驶技巧	106
17	地下停车场驶入有立柱停车位的驾驶技巧	108

序号	视频内容	二维码所在页码
18	驶入全智能化立体停车场有镜子的升降平台驾驶技巧	118
19	驶入全智能化立体停车场无镜子的升降平台驾驶技巧	121
20	驶入始端有小坡的立体车库驾驶技巧	121
21	SUV 倒车入位和小轿车的区别	122
22	三厢车和两厢车倒车入位的区别	124
23	通过插卡、取卡门禁系统的驾驶技巧	127
24	通过全智能化门禁系统的驾驶技巧	127
25	小型牵引车右倒入位驾驶技巧	128

第一部分
安全停车必备的基本知识

驾驶中的视觉错觉是造成事故的重要原因，因此掌握必要的视觉知识是避免事故的重要环节。

一、驾驶中的视觉现象与观察训练方法

（一）光的直线传播原理和物体远小近大规律

光的直线传播原理和物体远小近大规律如图1-1 ~ 图1-3所示。

车头遮挡，产生前方盲区，在车内无法看到前面的小圆柱体

图1-1　车头遮挡产生的盲区

一般情况下，光在空气中只能沿直线传播，传播中如果有物体阻挡，我们将无法看到，就会形成各种各样的盲区。比如房屋、树木、街道建筑物、坡道与车辆互相遮挡和车体本身的遮挡等都会产生盲区。

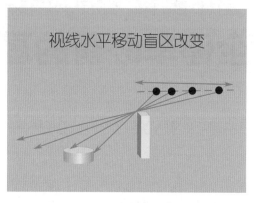

（a）

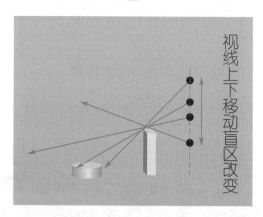

（b）

图1-2　视线移动盲区改变

　　眼睛的位置变化时盲区随之改变，驾驶中可利用这一点减小或改变盲区，从而看到原来盲区中看不到的区域。

同样大小的物体，由于距离越远视角越小，物体看起来也就越小，因此从远处看比桩门宽的车头实际上比桩门窄，不必担心开不过去

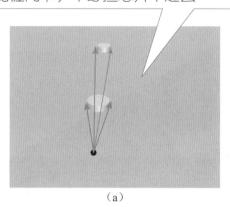

（a）

物体倾斜程度越大视角越小，看起来也就越小，所以地面的1米，比竖直的1米看起来要短

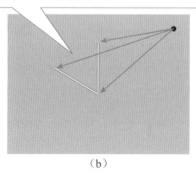

（b）

图1-3　物体远小近大规律

观察训练方法

　　站着，半蹲着，坐着，在不同高度、不同距离的地方观察地板上地板砖的长度，可以培养判断物体水平放置时的宽度的能力。若没有地板砖，也可以用一定长度的树枝、废弃的水管等平放在地面上观察。

（二）车体自身产生的盲区及其变化规律

小型车辆车体盲区空间分布如图1-4所示。

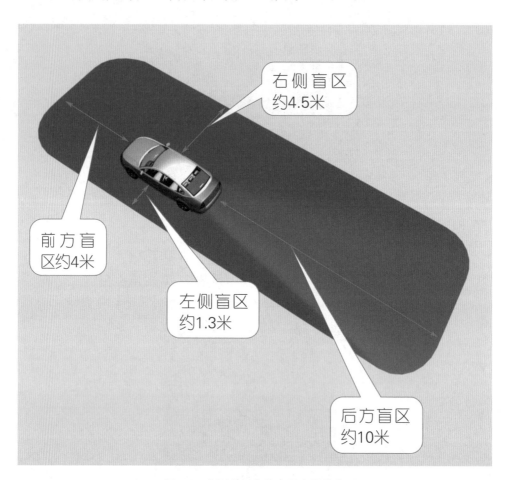

右侧盲区
约4.5米

前方盲
区约4米

左侧盲区
约1.3米

后方盲区
约10米

图1-4　小型车辆车体盲区空间分布

车头遮住前方物体的高度越高，距离就越近。如果前方物体是车辆，可以看前车尾部有特征的部位来大致判断车距，如看车底边、后保险杠的上下沿、尾灯等部位。如图1-5所示。

平时要注意观察这些部位的高度所对应的车距，不需要精确，只要确保安全即可。

车辆左右两侧的判断方法类似。

（a）

图1-5

遮住后保险杠的上沿

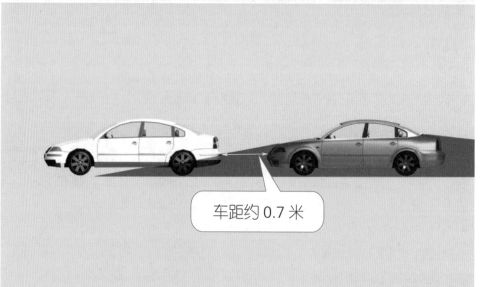

车距约 0.7 米

（b）

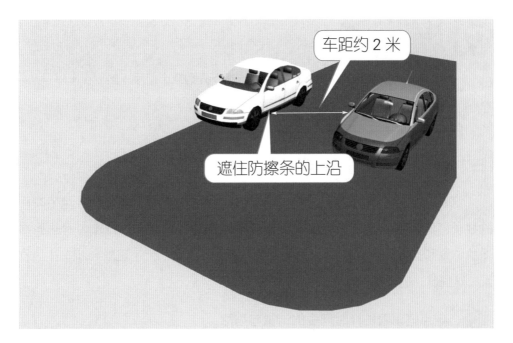

（c）

（d）

图1-5　判断车距的方法

观察训练方法

让会开车的朋友按上述示范的方法把车开到某个间距，然后在车内外观察对比一下。

（三）驾驶中的视觉错觉与排除

驾驶中经常需要以墙角、树木、电线杆、大门的门框、车库门、地下车库的柱子、建筑物的窗户等部位作为判断车体位置的参照物，在车内看这些物体的位置和直接看是有差别的，还会产生错觉，因此，为了正确判断车体的位置，掌握其中的奥妙是很有必要的。

1. 定点停车看桩杆时产生的错觉与排除

在平面内确定物体的位置需要横和纵两个坐标。确定汽车在地面的位置也是一样的道理。确定了距标杆的横向和纵向距离后，即可确定汽车在路面上和标杆间的相对位置。如图1-6所示。

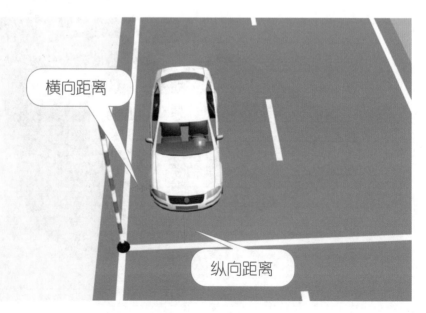

图1-6 确定车辆位置的方法

规律：

　　定点停车时，相对参考点C，横向距离过大桩杆将位于车头的前方，过小桩杆将位于车头的后方。所以先把握好横向距离（小型车要求在30厘米以内），是准确停车的关键。如图1-7所示。

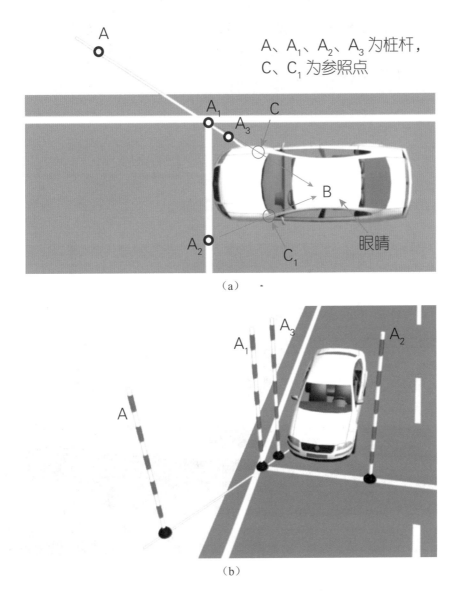

图1-7　把握好横向距离保证准确停车

如图1-8所示，从驾驶席往外看，A、A_1、A_3都和车头上的C点重合，但是只有A_1与车头平齐，A在车头之前，A_3在车头之后。A距汽车右侧的距离比A_1远，A_3距汽车右侧的距离比A_1近。所以仅凭桩杆与参照点C重合（纵向距离）就断定桩杆与车头平齐是不对的，必须先确定桩杆与汽车右侧的横向距离，再通过看桩杆是否和参照点C重合来确定车头是否与桩杆平齐。

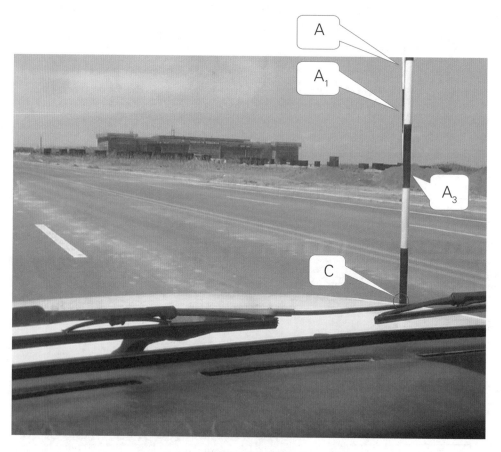

图1-8　纵向距离

如图1-9所示，车头与A、A_1、A_3杆都平齐，A杆的横向距离大，参照点后移到C，A_3杆的横向距离小，参照点前移到C_3，A_2的参照点在C_2处。桩杆位置不变，头部前后左右移动也可引起参照点位置的变动，请在驾驶中观察体会。

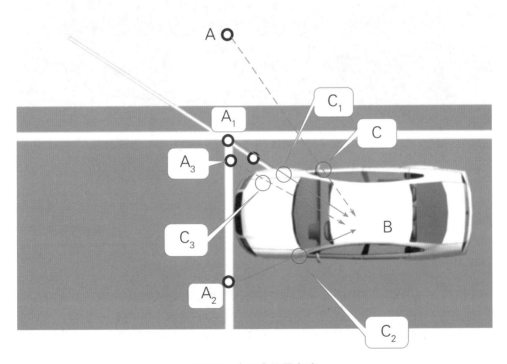

图1-9　参照点位置变动

当A_1和车头平齐时，驾驶员会感觉A_1似乎到了车头后方，实际上这是一种错觉，是由于光沿直线传播造成的。平头车与长头车大不一样，所以参照点的选取也因车型而异。

2. 过限宽门、移库、倒车入库时看桩杆的错觉与排除

由于物体有远小近大的规律，因此比车宽一点的桩门，在车头没有真正进入之前，总是感到车比桩宽。这是错觉，不必害怕，在实际驾驶中注意观察即可。如图1-10所示。

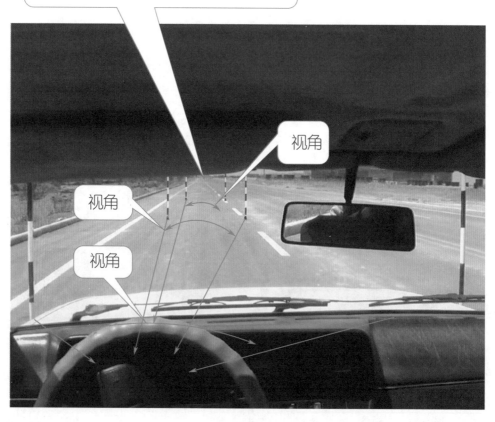

（a）

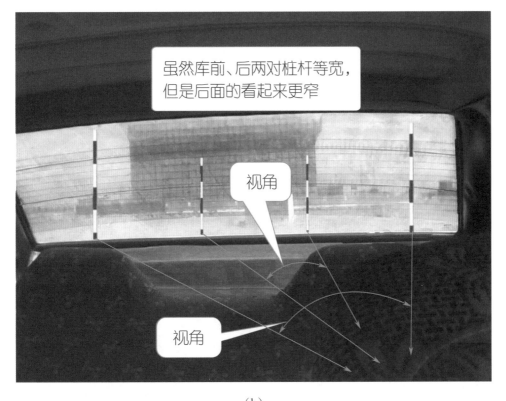

（b）

图1-10　看桩杆的错觉与排除

　因为桩杆越近视角越大，所以在车前进的过程中，产生了远处的桩杆向车的两侧"扩散"的感觉。驾驶员考试中桩考移库时也有这样的感觉。

观察训练方法

在矿泉水瓶子里装上沙、土等，然后插上树枝、废弃的自来水管等就可以制作出简易桩杆，然后摆在车的不同位置，在车内、车外进行观察和体会。

（四）后视镜成像规律

为了扩大反射景物的范围，后视镜一般都做成凸面镜。凸面镜成像的规律是物体距凸面镜越远所成的像越小，镜面越凸这种现象越明显。如图1-11所示。

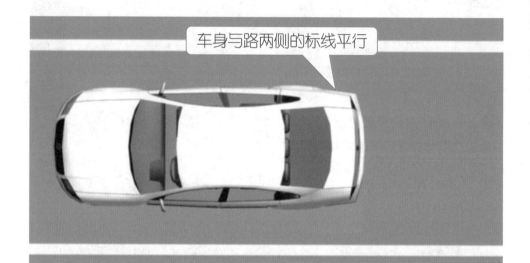

车身与路两侧的标线平行

（a）

在左后视镜中看起来是前宽后窄

（b）

在右后视镜中看起来是前宽后窄

（c）

图1-11　汽车后视镜中的影像

判断技巧：

　　倒车时，如果后视镜中的车身相对路边线看起来是前宽后窄且不转动，说明在直线向后倒。当在右后视镜中看到车身右侧与右边的标线平行时，车尾实际上偏左。当在左后视镜中看到车身左侧与左边的标线平行时，车尾实际上偏右。倒入车位或移库、倒入库位时，利用后视镜判断车体是否与车位或库平行时要特别注意，以免判断错误，最终导致打错方向。

　　利用后视镜在直路上倒车的训练方法：先向前行驶，当车和路边线平行时停车，观察后视镜中的影像，记住之后看后视镜倒车；也可把头伸出车窗，看到车左侧和左侧标线平行时停车，观察后视镜中的影像，记牢之后看后视镜倒车就不会偏斜了。

观察训练方法

找会开车的朋友把车开到地面上有线条或者有路沿的地方，在车内、车外观察对比。

 ## 二、判断车身、车轮位置的方法

因为车的四周有盲区，所以停在停止线外面，靠边停车，在停车场、车多的小区等狭窄空间判断车辆前后左右的位置会比较困难。但是如果掌握了其中的秘诀，判断车辆位置就会变得简单多了。

 如图1-12所示，在车的四周划线或放置木条、长棍等，只要能把车的四边标识出来就可以；然后以正常驾驶姿势坐在车内看前面线条和车身左、右侧相交的位置以及后方线条在后视镜里相对车后部左、右侧的位置。

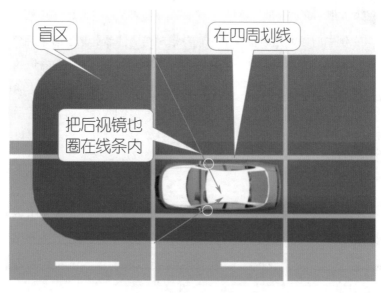

图1-12　判断车身位置的方法

（一）确定车辆前保险杠位置（车头位置）的方法

确定车辆前保险杠位置（车头位置）的方法如图1-13所示。

（a）

（b）

图1-13 确定车辆前保险杠位置的方法

（二）确定车辆后保险杠位置（车尾位置）的方法

这里介绍（不借助倒车系统）看后视镜确定车辆后保险杠位置（车尾位置）的方法，如图1-14所示。

这是后门把手

如果按正常驾驶姿势无法看到所画的后面的线条，那就向前移动头部

（a）

向前移动头部，后门把手上移，后门把手还剩一点点时刚好看到线条

这里对应车尾的位置，倒车的时候可以用来判断车尾的位置

（b）

（c）

图1-14　确定车辆后保险杠位置的方法

　　如果在后视镜里看不到白线，也可适当调整后视镜，直到看到后方的白线为止。但是白线对应的车尾的位置也会有微小的变化，要注意。

（三）确定车辆左右位置的方法

　　前面介绍了确定车辆前后位置的方法，这里介绍确定车辆左右位置的方法。如图1-15所示。

（a）

图1-15

车轮正对
左右线条

（b）

左筋或雨刮器
上对应的点

车头中线或雨刮器
上对应的点

两条线从车内看是在这两个位置附近，
利用这两个参照点可以判断车轮位置

（c）

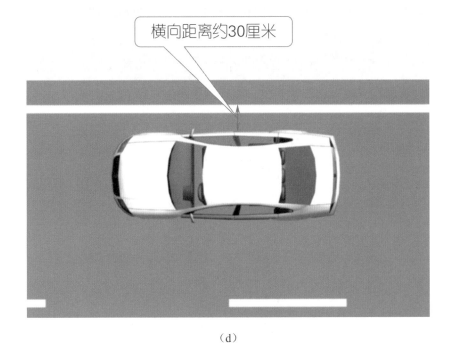

图1-15　确定车辆左右位置的方法

线条越靠右，线条在车头上的位置也越向右。若线条在车头上右移10厘米，则地面上实际移动了约3倍，即30厘米左右。左面的情况类似。

　　如图1-16所示，如果遇到向左转的弯路，则右边线和发动机盖上的交点向左移，弯曲程度越大，左移越多。向右的弯路类似。

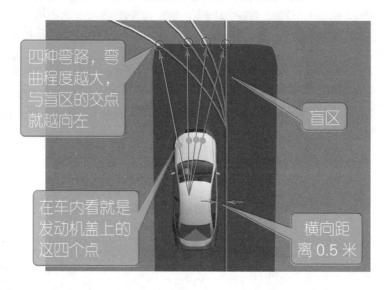

四种弯路，弯曲程度越大，与盲区的交点就越向左

盲区

在车内看就是发动机盖上的这四个点

横向距离0.5米

在车内看这四个点的位置

（a）

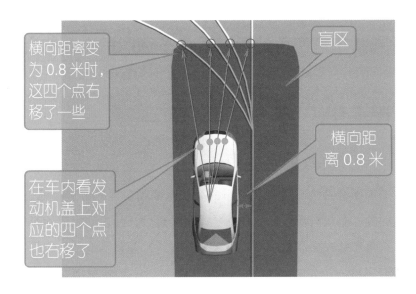

（b）

图1-16　弯路盲区

所以在曲线行驶项目中，过左弯时，若车的左角压住右侧弧线行驶，车的右侧和路的右弧线间即可保持0.5米的距离。

三、判断车辆四角位置与防止车辆四角碰擦的方法

（一）相邻车位有车辆时的判断方法

1. 判断车辆前角位置的方法

可根据前面介绍的车头遮住前车的高度来判断前角的位置，但是要注意，车是流线型的，车角越靠近地面的部分，尺寸越大，沿发动机盖的方向看水平距离时，车角和前车还有30～40厘米的时候，车前角离前车已经很近了，稍有不慎就会碰擦上，如图1-17所示。所以刚接触一种新车型，在车内没有把握时，要下车来看看还有多大的间隔。注意每次观察的时候姿势都要基本保持一致，否则将会有较大的误差，容易发生事故。

在车内看到的水平距离还有30～40厘米时

下面几乎碰擦上了

图1-17　判断车辆前角位置的方法

2. 判断车辆后角位置的方法

要仔细观察后视镜，尤其是车身和障碍物成一条直线的时候，很难判断车

后角和障碍物间的距离。这时候要使车辆蠕动（即尽可能缓慢移动）倒退，并利用前面介绍的划线法，参照地面的车位线来判断车角的位置。如果拿不准，应先停车，下来看看，然后继续，否则盲目行进十有八九要发生问题。

有倒车雷达、可视系统时也有盲区，因为车左、右后角的矮小障碍物是探测不到或看不到的，所以也必须配合后视镜来判断。当然如果有多个雷达探头、可视系统就不存在这种现象了。

如果车位的周围没有其他车辆，那就好办多了，只要按照前面介绍的划线法判断车身的位置，把车停在车位中间即可。

（二）防止四角碰擦的方法

当中间道路比较狭窄的时候，如果入位、出位的过程中判断失误或操作不当就会引起车角碰擦事故。下面以纵向停车位为例进行说明。如图1-18和图1-19所示。

图1-18　防止四角碰擦的方法（一）

碰擦原因：没有判断准确车辆的右前角和前车左后角的距离。

解决办法：向左回方向的时候要让右前角与前车左后角保持20厘米左右的安全距离，判断不准时下车观察，这时候在车内看水平距离应在50厘米左右。

在车内观察距离时如果是沿着发动机盖的表面看，观察到的情况是无论什么时候距离似乎都为0。这是因为人眼、发动机盖、前车左后角"三点"重合造成了错觉

必须从水平方向观察距离

图1-19　防止四角碰擦的方法（二）

注意：

可以趁着车少的时候在停车场训练，能找块开阔地带更好，当然也可以由他人指挥直接在停车场训练。练习的时候把脚放在刹车踏板上，一旦出现问题一脚"踩死"（将刹车踏板踩到底）即可。指挥者要站在不会被夹碰，也就是行进路线之外又便于观察车距的地方指挥，以防驾驶者操作失误酿成伤害事故。

（三）桩杆训练法

可用桩杆训练法培养观察四角距离的能力。首先在矿泉水瓶中装上沙或

土，然后插上树枝或者其他的细杆状物体做成四个桩杆，然后摆在车位的四角，进行入位、出位练习。具体观察方法如图1-20所示。

桩杆

在车内观察碰上桩杆的水平距离，在实际驾驶中看到与前车有这个距离的2倍多时就是安全的

图1-20　桩杆训练法

 四、不同地点停车注意事项

（一）商场

　　商场周围的停车场人多车杂，动态情况复杂，可以利用行人来判断车距。如果空间狭窄，为了确保万无一失，对于自动挡车，要把脚放在刹车踏板上，利用怠速蠕动前行或倒退；对于手动挡车，可利用离合器半联动控制车辆蠕动前行或倒退，同时也要把脚放在刹车踏板上，遇到紧急情况应一脚"踩死"刹车，这样做绝对不可能出现误把油门当刹车的情况。若自己搞不清离墙还有多少距离，可以把车停住，如果行人从车前后穿过，说明还有一些距离；如果行人是侧身穿过，则说明不能再继续按原来的方向行驶了。

　　具体情况举例如下：进出车位或者是在商场和车位间的道路上掉头时，如果道路空间过于狭窄，又不便下车观察，不能判断车和商场的门、树或墙间的距离时，可以把车停一下，如果有行人不用侧身就走过去了，说明还有50厘米左右的距离，可以再蠕动前进或后退30厘米左右；如果有行人侧身走过，说明只有30厘米左右的距离了，不能再在这个方向前进或后退了，只能挂上向相反方向行进的挡位行驶，完成进出车位或者是掉头的操作。

（二）医院

在大型医院，即使没有停车位或停车位已满，也不能停在救护车专用通道上，不要在消防通道处停车。在没有划停车位的小型医院停车，也一定不要堵住医院的门口，要给救护车留出通道。在医院，上下车行动不便的人多，提着大小包上下车的人多，成群结队陪伴的人也多，停车、起步更要不断反复扫视观察后视镜并用眼直接观察后视镜盲区。

（三）学校

在学校附近的停车场，非上课时间，可能有小孩子打闹乱跑，玩捉迷藏游戏，所以一定要把脚放在刹车踏板上，让车辆靠惯性慢行。如果是接送孩子，请不要进入禁止驶入的校门两侧的路段，否则将被罚款扣分。如果是小学，不要把车停在正对校门的地方，要停远些。遇到孩子多时一定要把脚放在刹车踏板上，让车靠惯性和怠速前进，这样可以绝对保证出现突发情况时一脚把刹车"踩死"，而不是踩在油门踏板上。

（四）办公场所

在办公场所附近的停车场，要注意给公务用车让出进出的道路，不要在路口附近或者堵住路口停车，也不要影响其他办事车辆的进出。根据自己办事时间的长短选择停车位置，时间长可以选靠里面的车位停车，时间短可以选择靠外面的车位停车。

（五）其他场所

在派出所、公安局、车管所停车，一定记住不要占用他们专用的车位，要停在公用车位上。有的没有明显的标识，可以根据他们停放的车辆的位置来判断是否是他们的"专用车位"。他们的专用车位是为了方便有突发情况时出动，所以应尽量远离。

在火车站、公交车站、长途汽车站、机场、港口等处，往往划有出租车、大巴车专用停车位，即使私家车的停车位满了，那些车位是空的，也不要往那里停车，因为随时可能有车进站。进入火车站、机场、港口等处的停车场前一定要看清入口处的标志，不要误入公交车站入口和出租车专用停车位入口，也不要误入大巴车停车位入口，更不要从出口处进入，那样更糟糕。

五、认识常见的停车位标线

一名出色的驾驶员，应牢记表1-1所示的各种常见的停车位标线。停车位标线的颜色有着一定的含义，为蓝色时表示此停车位为免费停车位，为白色时表示此停车位为收费停车位，为黄色时表示此停车位为专属停车位。停车位标线标示车辆停放的位置，可在停车场、路边空地、车行道边缘或道路中间适当位置设置。

表1-1　常见的停车位标线

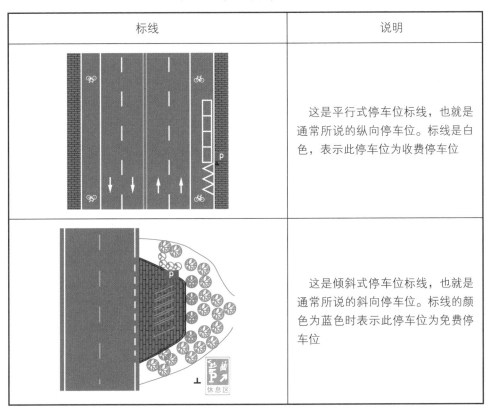

标线	说明
	这是平行式停车位标线，也就是通常所说的纵向停车位。标线是白色，表示此停车位为收费停车位
	这是倾斜式停车位标线，也就是通常所说的斜向停车位。标线的颜色为蓝色时表示此停车位为免费停车位

续表

标线	说明
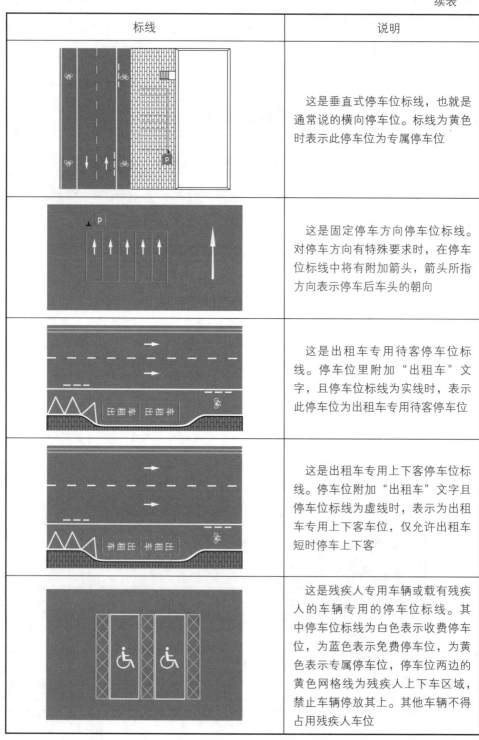	这是垂直式停车位标线，也就是通常说的横向停车位。标线为黄色时表示此停车位为专属停车位
	这是固定停车方向停车位标线。对停车方向有特殊要求时，在停车位标线中将有附加箭头，箭头所指方向表示停车后车头的朝向
	这是出租车专用待客停车位标线。停车位里附加"出租车"文字，且停车位标线为实线时，表示此停车位为出租车专用待客停车位
	这是出租车专用上下客停车位标线。停车位附加"出租车"文字且停车位标线为虚线时，表示为出租车专用上下客车位，仅允许出租车短时停车上下客
	这是残疾人专用车辆或载有残疾人的车辆专用的停车位标线。其中停车位标线为白色表示收费停车位，为蓝色表示免费停车位，为黄色表示专属停车位，停车位两边的黄色网格线为残疾人上下车区域，禁止车辆停放其上。其他车辆不得占用残疾人车位

续表

标线	说明
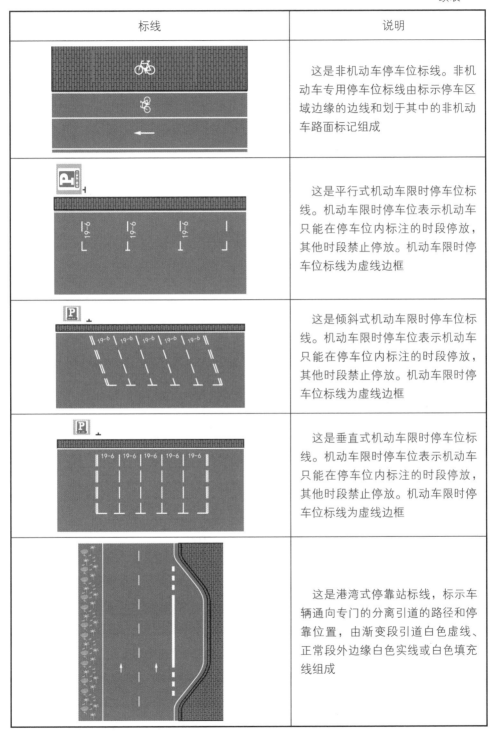	这是非机动车停车位标线。非机动车专用停车位标线由标示停车区域边缘的边线和划于其中的非机动车路面标记组成
	这是平行式机动车限时停车位标线。机动车限时停车位表示机动车只能在停车位内标注的时段停放，其他时段禁止停放。机动车限时停车位标线为虚线边框
	这是倾斜式机动车限时停车位标线。机动车限时停车位表示机动车只能在停车位内标注的时段停放，其他时段禁止停放。机动车限时停车位标线为虚线边框
	这是垂直式机动车限时停车位标线。机动车限时停车位表示机动车只能在停车位内标注的时段停放，其他时段禁止停放。机动车限时停车位标线为虚线边框
	这是港湾式停靠站标线，标示车辆通向专门的分离引道的路径和停靠位置，由渐变段引道白色虚线、正常段外边缘白色实线或白色填充线组成

续表

标线	说明
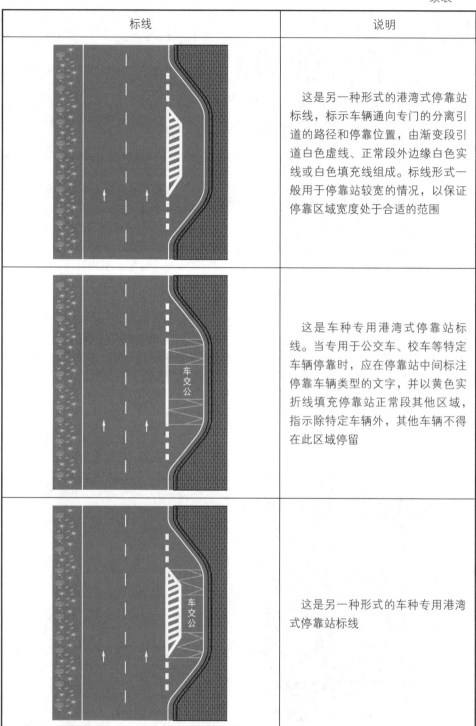	这是另一种形式的港湾式停靠站标线，标示车辆通向专门的分离引道的路径和停靠位置，由渐变段引道白色虚线、正常段外边缘白色实线或白色填充线组成。标线形式一般用于停靠站较宽的情况，以保证停靠区域宽度处于合适的范围
	这是车种专用港湾式停靠站标线。当专用于公交车、校车等特定车辆停靠时，应在停靠站中间标注停靠车辆类型的文字，并以黄色实折线填充停靠站正常段其他区域，指示除特定车辆外，其他车辆不得在此区域停留
	这是另一种形式的车种专用港湾式停靠站标线

续表

标线	说明
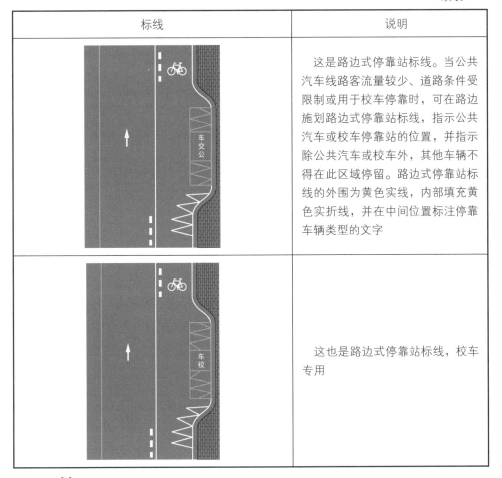	这是路边式停靠站标线。当公共汽车线路客流量较少、道路条件受限制或用于校车停靠时，可在路边施划路边式停靠站标线，指示公共汽车或校车停靠站的位置，并指示除公共汽车或校车外，其他车辆不得在此区域停留。路边式停靠站标线的外围为黄色实线，内部填充黄色实折线，并在中间位置标注停靠车辆类型的文字
	这也是路边式停靠站标线，校车专用

注意：

❶ 不要在交通法规规定的不得停车的地点停车。

❷ 机动车在道路上临时停车，应当遵守临时停车的有关规定。

❸ 最好不要在如下地点停车：

a. 大风的时候要注意不要停在可能被刮断树枝或电线杆可能被刮倒的地方，也不要停在畜力车的附近，更不要在楼边停放，因为纱窗也有被刮掉的可能；

b. 不要停在有高空坠物可能的地方，楼下停车要看看阳台等处是不是放有容易跌落的物体，有些陈旧的电线也有可能坠落。

六、复杂情况下的停车方法

（一）停车时可能遇到的复杂情况及应对方法

停车时由于行进速度比较慢，可能会遇到成群结队的人突然出现；也有可能有非机动车通过；还有可能有人在停车位旁乱卸东西；甚至有一些没有安全意识的运货的人为了图方便，可能从三轮车上在倒车的路线上卸小东西，他们误以为路面上的东西你是能看到的；也有可能有两三岁的小孩子跑到车旁。这时候一定要通过后视镜用眼睛反复扫视周围的情况。

❶ 如果发现有人向你挥手，不管什么原因，要立即把车停住，必要时下车查看。

❷ 如果在缓慢倒车的过程中感到车后有类似碰撞时发出的"砰"声，哪怕十分微弱也要立即停车查看。

❸ 如果有柔软的起伏的感觉，说不定就是压住了什么东西，必须停车查看。

❹ 如果听到车身摩擦的声音要立即停车查看。

❺ 如果发动机声音突然低沉或转速突然下降，可能是顶上了某个物体或者是其他车辆的车角等部位，这时候要立即停车查看，以免发生更严重的后果。

查清发生问题的原因后，要保持镇定，想好后再继续下一步的操作，慌慌张张会导致误操作，后果更加严重。

遇到如下情况要冷静下来仔细观察，然后随机应变，千万不可意气用事。

1. 采用正常的操作方法入位时有人抢车位

这时候应当把车开到其他地方找车位。若堵住不让，结果是谁都进不了车位，还会造成严重的堵车，也许还会招来更多人的不满。

2. 正常入位、出位时有行人及自行车等非机动车从车缝中抢行

入位、出位时应当把脚放在刹车踏板上，让车辆处于缓行状态，不可只顾着观察行进的方向，要以观察行进方向为主，反复观察后视镜，不断扫视周围情况。一旦发现有行人及自行车等非机动车从车缝中抢行的情况，要立即"踩

死"刹车停车，耐心等待他们通过。由于空间狭窄，几厘米的行进，打一点方向，可能就会导致事故的发生。

3.　堵车

遇到堵车，必须耐心等待，并按照停车场工作人员的指挥行进，见缝插针只能是越来越堵。情况特别复杂时，应下车与大家商量，共同决定行进顺序和方向，以便尽快摆脱困境。

4.　遇到超宽、超高装修或载货三轮车

此时要注意观察三轮车上有没有伸出来的角铁、钢筋等金属物品，高处有没有能刮住车顶的物体。一般情况下不要超车，应等它过去后，再停车入位，或者是驶出车位。

5.　遇到成群结队的行人从车的周围穿插

此时应停车等待，不可继续进行停车入位或者是出位操作，等他们通过后再继续操作。

6.　遇到玩耍的儿童

有些家长带着的小孩十分调皮，会不听家长的话，到处乱跑，一会儿开车门，一会儿关车门，反复上下车。此时一定要仔细扫视观察周围的情况，判断他们的动态，让车辆处于缓行状态，必要时停车等待。

注意：

不可因为只顾专心观察他们而忽视了对其他交通参与者的观察，如果是这样，同样是危险的！不管什么时候都要牢记观察主要目标的同时不能忽视周围的情况。遇到追逐、打闹的情况最好停车，让家长看好他们，再继续后续的操作。

7.　遇到垃圾车或者是临时进入的大型车辆、作业车

这时候要注意观察作业人员，按照他们的指挥行进，不要随意进入空车位，因为那样会导致这些车辆无法行进，最终造成堵车的后果。

（二）停车入位小技巧

1. 对于横向停车位和斜向停车位

如果没有限制车头的朝向，可以采用车头朝里的方法停车入位。如图1-21所示。

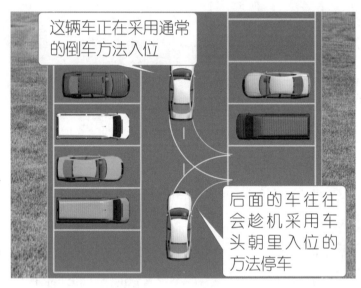

> 这辆车正在采用通常的倒车方法入位

> 后面的车往往会趁机采用车头朝里入位的方法停车

（a）

> 入位前要注意通过后视镜观察后方是否有车正在找车位，如果有就采用车头朝里的方法入位，以免被后车抢占

（b）

（c）

（d）

图1-21　横向（斜向）停车位入位方法

2. 对于纵向停车位

可以采用先"扎进去"然后调整车身位置的方法停车入位。如图1-22
所示。

图1-22　纵向停车位入位方法

（三）事故发生原因与预防方法

出位、入位时可能会发生四角碰擦其他车辆车角和车身的事故。两前角碰擦的原因有以下几种。

1. 空间方位感差，距离判断错误

可以通过前面介绍的桩杆训练法来培养。

2. 打错方向

变换方向前一定要想清楚车头的转向，然后再操作，即使有其他车辆催促也不要急急忙忙操作，一定要耐住性子想清楚后再操作。

3. 没有及时停住车

无论是手动挡汽车还是自动挡汽车，操作的时候都要把脚放在刹车踏板

上，让车辆在怠速下靠惯性蠕动行驶，刹车要有一点提前量，快挨上物体的时候再刹车就为时已晚了。

两后角碰擦的原因基本相同，不同的是通过后视镜观察时不易判断车角处的车距，这时候可以配合前面介绍的划线法来判断车后角的位置，还可以通过桩杆训练法来培养空间方位感。如果有倒车雷达、可视系统等就方便多了，但是倒车雷达、可视系统也有出故障的时候，也有盲区。掌握人工判断的方法，配合倒车雷达、可视系统操作会更为安全。

❶ 对于纵向停车位来说。

入位时碰擦右侧车身的原因是向左回方向过早、过快或是二者兼有。

预防方法：倒车的时候，要注意观察右后视镜，当右前方车位中的车辆没有进入右后视镜盲区前，可以通过右后视镜观察两车间的距离；当右前方车位中的车辆进入右后视镜盲区后，要通过前面介绍的方法判断好车距，等车头右前角退到前车尾部之后再向左回方向。倒车中要牢记把脚放在刹车踏板上，并把车辆控制在蠕动行驶状态，遇到危险立即"踩死"刹车。速度快时，可轻踩刹车踏板控制车速。对于手动挡车辆，还可以通过轻轻踩下离合器踏板来控制车速。

出位时碰擦右侧车身的原因是向右打方向过早、过快或是二者兼有。

预防方法：当右前方车位中的车辆在右后视镜盲区中时，要通过前面介绍的方法判断好右侧的车距，当右后视镜到达前车尾部后，可以直接看右后视镜和前车车身间的距离。当在右后视镜中可以看到右前方车位中的车辆时，可以通过右后视镜观察两车间的距离。整个出位过程中，要根据车距确定向右打方向的时机和速度。

倒车中可能会撞上后方路边的树木、垃圾桶、电线杆、临时堆放的杂物等。

预防方法：入位前进的过程中，就要看清倒车路线上的障碍物的位置，做到心中有数。倒车前一定要观察好倒车路线，要看清路线上有没有障碍物，然后再倒车。倒车的时候要慢行仔细观察。左、右后视镜是看不到车辆正后方的情况的，所以倒车中要注意看内后视镜，要反复扫视三块后视镜，以免车尾撞上后方的树木、电线杆等。当然如果有倒车雷达、可视系统就方便多了。

❷ 对于横向、斜向停车位来说。

入位时要通过左、右后视镜，直接目视来确定车辆的位置。右倒入位的时候，向左回方向过早、过快都容易导致车的左后角撞上左侧的车辆，右侧车身撞上右面的车辆。向左回方向过迟、过慢容易导致车的右后角撞上右侧的车辆，左侧车身撞上左面的车辆。倒车中要注意观察后方，防止撞上路边树木、电线杆、垃圾桶、临时堆放的杂物等。右转出位的时候向右打方向过早，会导致右侧车身撞上右面的车辆；等身体刚过右面车头的时候，开始向右打方向就可以避免撞上右面的车辆；要注意直接目测、通过右后视镜观察右面的车距。左转出位的时候向左打方向过早，会导致左侧车身撞上左面的车辆；等身体刚过左面车头的时候，开始向左打方向就可以避免撞上左面的车辆；要注意直接目测、通过左后视镜观察左面的车距。

出入车位的过程中，如果遇到幼儿、玩耍的儿童、童车等，一定要告知家长看好他们后，再进行出入位操作，认为他们一定不会跑过来是十分危险的想法。

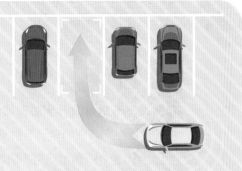

第二部分

倒车入库与侧方停车考试技巧

一、倒车入库考试技巧

扫一扫
看动画视频听讲解

这个考试项目其实就是实际驾驶中在纵向停车位停车。它和实际纵向停车位停车的区别是驾驶环境简单，不必担心碰擦。

实际驾驶中的方法与考试时是一样的，只是由于车型的变化，车位的宽度不一样，有的十分狭窄，停好后，只能将车门开点缝下车，因此停车操作要求更"精准"，所以进入实际停车场停车之前，还应当用自己所驾驶的车型进行练习。如果按考试时的车型操作，十有八九停不好，而且很容易发生意外。

下面先介绍考试技巧，然后在以后各章里介绍实际的停车技巧。

（一）场地布局

倒车入库考试场地布局如图2-1所示，图中线条含义如下。

虚线：代表倒车路线。

实线：代表前进路线。

红线：右转倒入，前进左出。

白线：左转倒入，前进右出。

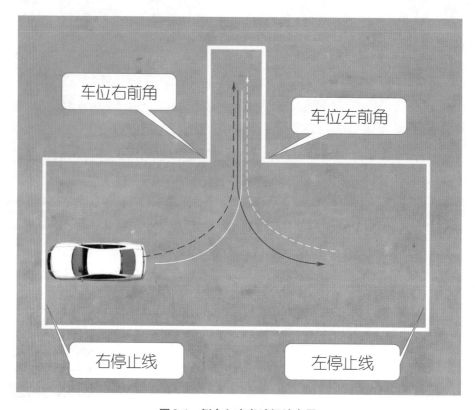

图2-1　倒车入库考试场地布局

方向说明：本书中的图按上北下南左西右东标定方向，图中按面向南（就是面向下）的方向确定车位的左右。

（二）操作要求

从右起点右转倒入车位停正，前进出位开到左起点（红色轨迹）。左转倒入车位停正，前进出车位开到右起点（白色轨迹）。整个过程车身不得出线。

说明：

培养判断车辆四角空间位置的能力是防止实际驾驶中发生四角碰擦事故的重要途径。

（三）考试攻略

注意:

后视镜中参照点的选取也不唯一。这里介绍利用后视镜看车位线倒车入位的方法。在起点，还可以结合向后转身回头看车库线和车右后窗或左后窗下边框相交的位置来判断车身的位置，从而确定打方向的时机。

在后视镜中看参照点更要注意，因为镜中的影像和地面对称于镜面，地面上离车越近的部分在后视镜中的影像越往下，看起来越大；离车越远的部分在后视镜中的影像越往上，看起来越小。不要搞反了。

由于后视镜有盲区，初学者首先应当向下调整后视镜，以便能够看到后轮附近。有些车辆后视镜视野十分狭窄，这时候可以结合移动头部位置的方法来解决。许多车辆的后视镜视野宽阔，适当移动头部就可以了，不需要调整后视镜。车辆在同一位置时，在同样的后视镜位置，不同人、同一人不同姿势，后视镜中的参照点的位置也有差别；不同的后视镜也有些差别。如果驾驶姿势变化过大，头部转动、前后左右移动范围过大时，后视镜中参照点的位置也会发生很大变化，这就是看到的参照点的位置一样，有时候成功而有时候失败的原因了。所以驾驶中要注意保持与选参照点时差不多的姿势驾驶。

（四）驾驶训练方法

本章各图中的参照点位置用于示范驾驶方法，实际驾驶中基本也是这些位置。

在整个操作中，前进时挂一挡，后退时挂倒挡。可利用半联动把车速控制在缓行状态。

入位原理如图2-2所示。

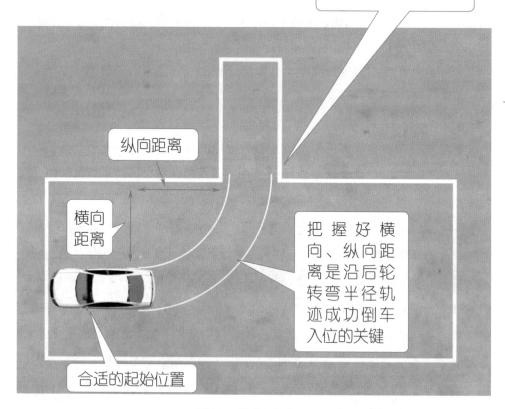

后轮的转弯半径是固定的，小型汽车一般在3.5米左右

纵向距离

横向距离

把握好横向、纵向距离是沿后轮转弯半径轨迹成功倒车入位的关键

合适的起始位置

图2-2　停车入位原理

第一步：从右起点倒车入库

　　首先向下调整左右后视镜，调整到容易观察地面标线和车尾的位置。如图2-3所示，在起点，通过后视镜看清库位线的位置，倒车中，以看右后视镜为主，并不时看左后视镜，防止车身驶出左侧边线，实际驾驶中还可用来观察左侧的安全状况。实际驾驶中还要不时看车内后视镜，防止撞上后方的电线杆、树木、行人等。倒车时必须缓行，这样即使撞上了后方盲区里突然出现的看不见的小孩也可及时停住，从而避免产生严重后果。

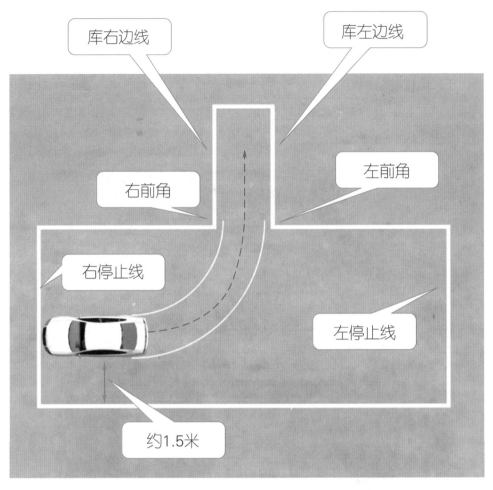

图2-3 从右起点倒车入库原理

 操作步骤

自动挡车挂R挡，手动挡车挂倒挡，半联动。看后视镜中车位右前角和车位线的位置并向右打满方向，车身与库即将平行时向左回正方向，平行并位于库中间后倒，距库底20厘米左右停车。

由于车后的物体离车越近，影像在后视镜中就越往下，所以，倒车时上方的影像，也就是远处物体的影像，将向后视镜下框移动，进入后视镜盲区后，影像消失。倒车时，库位线在后视镜中的移动也是这样。当库右前角快到图2-4所示的位置时，后轮距库的右边线的距离为4米左右，比后轮的转弯半径稍大一点，这时候打满方向，然后看着右后视镜略微调整车尾的位置，就可以顺利倒入库中。如图2-5所示。

（a）右倒入位时看车位右前角的位置，也就是选它为参照点

（b）在起点要看清库右前角和库位线在右后视镜中的位置

图2-4　右倒入位注意事项

 注意:

❶ 开始右转后退的一段时间里，在左后视镜中是看不到左车位线的，转过一定角度才能看到。

❷ 开始向右打方向时可慢些。打方向宁早勿迟，打早了有修正方向的机会，打晚了将无法补救。打方向慢的人可再提前些。在打满方向的过程中，若车尾右侧离库右前角过近或过远，可通过少打少回的方法修正方向。

调整车尾位置，保持20多厘米的距离绕库右前角后退

车尾绕右前角后退，并保持20多厘米的距离，车位右前角进入右后视镜盲区后继续后退

20多厘米

（a）

图2-5

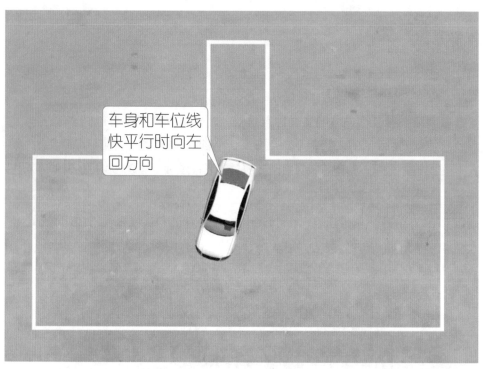

车身和车位线即将平行向左回方向时在右后视镜中看到的影像

注意:

向左回方向的时机和幅度要把握好。回早了、回多了或二者皆有时,车尾左后角将驶出左侧边线,车的右前角还有可能压库右侧边线。回晚了、回少了或二者皆有时,车尾右后角将压到库右侧边线,车的左前角还有可能压库左侧边线。

(b)

图2-5

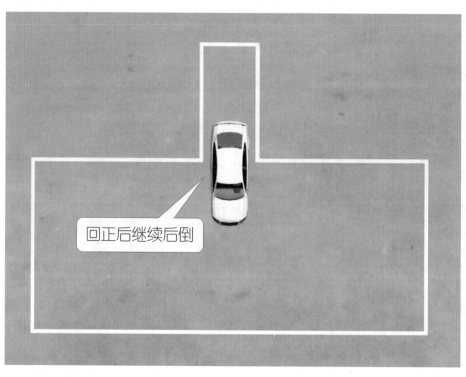

（c）

图2-5

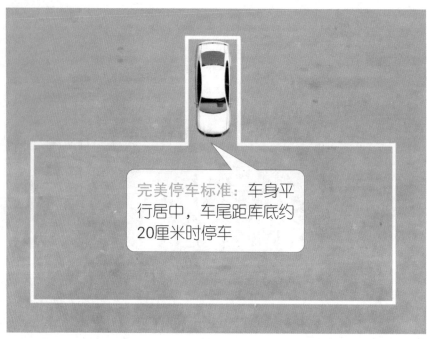

完美停车标准：车身平行居中，车尾距库底约20厘米时停车

在左后视镜中看到车尾距库底约20厘米时停车

右后视镜中看到的影像类似

（d）

图2-5　从右起点倒车入库操作步骤

第二步：出库开到左起点

操作步骤

自动挡车挂D挡，手动挡车挂一挡，半联动起步。车头遮住7米线附近时，向左打满方向，车身快与左侧边线平行时，向右回正方向，车头与左停止线对齐时停车。

出位的过程中要注意看左后视镜，不要让左后轮压住车位的左前角，如有可能压住，则应通过少打少回的方法纠正方向。操作方法如图2-6所示。

对于一般身高的人，当前进到车头快遮住7米线时，立即向左打满方向。个子高的人要比这个位置提前些，个子矮的人要比这个位置推迟些

（a）

图2-6

（b）

图2-6　出库开到左起点

第三步：从左起点倒车入库

左倒入位看车位左前角的位置，也就是选它为参照点。如图2-7所示。

图2-7　从左起点倒车入库参照点选取

方法与右倒入库一样，只是以看左后视镜为主，并不时看右后视镜，防止车身出右侧边线。操作步骤如图2-8所示。

 操作步骤

自动挡车挂R挡，手动挡车挂倒挡，半联动。看车位线的位置并向左打满方向，车身与库边线即将平行时向右回正方向，平行并位于库中间后倒，距库底20厘米左右停车。

车位左前角

倒车，看左后视镜：当车位左前角快下移到这个位置附近时向左打满方向

（a）

车位左前角进入左后视镜盲区，继续保持20多厘米的距离后退

20多厘米

（b）

（c）

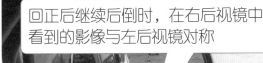

（d）

图2-8

（e）

图2-8　从左起点倒车入库操作方法

注意：

开始左转后退的一段时间里，在右后视镜中是看不到右车位线的，转过一定角度后才能看到。

第四步：出库开到右起点

操作步骤

自动挡车挂D挡，手动挡车挂一挡，半联动起步。车头遮住7米线附近时，向右打满方向，车身快与左侧边线平行时，向左回正方向，车头与右停止线对齐时停车。

出车位的过程中要注意看右后视镜，不要让右后轮压住车位的右前角，如有可能压住，则应通过少打少回的方法纠正方向。操作方法如图2-9所示。

（a）

（b）

图2-9　出库开到右起点操作方法

二、侧方停车考试技巧

（一）考核目的

考核机动车驾驶人将车辆正确停入道路右侧车位（库）的技能。

（二）考场布局及评判标准

侧方停车考场布局如图2-10所示，考试评判标准如下：

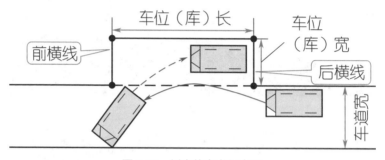

图2-10　侧方停车考场布局

❶ 车辆在入库停止后，车身出线，不合格；

❷ 倒车中车头出车位前横线，不合格；

❸ 行驶中轮胎触轧车道边线，扣10分。

（三）操作要求

机动车驾驶员驾驶车辆在车轮不轧碰车道边线、库位边线的情况下，通过一进一退的方式，将车辆停入右侧车位（库）中。车辆在入库停止后，车身不得出线，倒车中车头不得出车位前横线，行驶中轮胎不得触轧车道边线。

注意：

培养判断车辆四角空间位置的能力是防止实际驾驶中发生四角碰擦事故的重要途径。驾驶员朋友可以在矿泉水瓶中装上土或沙石，插入树枝制作简易桩杆，摆在车位四角，进行训练。

（四）考试攻略

1. 让车身距右侧路边线约30厘米前行

操作方法如图2-11所示。

说明：

训练中一般都是直接停在车尾与前横线大致对齐的地方，因而没有这一步操作，往往直接进行后退入位操作，最后再开到这个位置停车。

车头中间对应右轮位置

让车头中间偏右约10厘米，对准车位边线前行

（a）

图2-11

此时车右侧与车位
边线相距约30厘米

（b）

图2-11　车身距右侧路边线约30厘米操作方法

判断车尾与车位前横线大致对齐的具体方法如图2-12所示。

当车停在车尾与车位前横线基本平齐的位置时，坐在车里选取适合自己身高和驾驶姿势的参照点，记住参照点的位置。

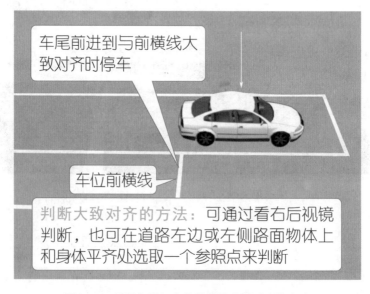

车尾前进到与前横线大
致对齐时停车

车位前横线

判断大致对齐的方法：可通过看右后视镜
判断，也可在道路左边或左侧路面物体上
和身体平齐处选取一个参照点来判断

图2-12　判断车尾与车位前横线大致对齐的方法

注意：

车辆在同样的位置时，每个人在车内看到的位置是有些差别的，所以选参照点时，一定要在大家普遍选取的参照点处，注意自己所看到的具体位置，否则驾驶中会产生较大的偏差。

说明：

由于右侧盲区大，所以向右看无法看到车位前横线。后视镜也有盲区，在正常行驶所调整到的位置和正常驾驶姿势的情况下，也无法看到车位前横线，后视镜里看到的是车位后横线，不要误认为是车位前横线，如图2–13所示。

在起点要看清车位的左前角和车位线在右后视镜中的位置

图2-13　在右后视镜里看到的是车位后横线

解决办法：利用右后视镜判断。

办法一：在正常行驶所调整到的后视镜的位置下，身体尽量向前探，不是特别矮的人，都能在右后视镜的底部看到车位前横线，在后视镜底部刚刚看到这条线时停车，即可保证停车后车尾基本上与车位前横线对齐。如图2-14所示。

图2-14 用右后视镜判断车位前横线的方法

办法二：向下调整右后视镜的角度，车尾与车位前横线大致对齐时，也可以直接看到车位前横线。

办法三：在后视镜上方加装一块小后视镜，调整到能直接看到后车轮的位置。如图2-15所示。

图2-15 在右后视镜上方加装小后视镜判断车位前横线的方法

办法四：当车尾与车位前横线平齐时，在道路左边或左面的其他物体上，选一个和身体平齐的参照点，如图2-16所示，在以后的驾驶中，当向左看到身体和这个参照点即将对齐时停车，即可保证停车后车尾基本上与车位前横线对齐。当然，也可以选择车右面能看得见的有特点的物体作为参照。

图2-16 用选参照点来判断车位前横线的方法

办法五：前进中看到车头刚遮住车位前横线时，目测车头前方比4米稍多些的地方，前进到车头遮住这里时停车，也可保证停车后车尾基本上与车位前横线对齐。如图2-17所示。

图2-17 前进中目测判断车位前横线的方法

总之，参照点的选取不唯一，只要选好了参照点的位置，就可以判断车身的位置了，就可以间接"看"了。

2. 后退入位

对于手动挡车，在倒车的时候可以利用半联动把车速控制在蠕动状态。操作方法如图2-18所示。

自动挡车挂R挡，手动挡车挂倒挡，半联动，开左转向灯

后轮轴与车位前横线平齐时，向右打满方向，转头看左后视镜

这是前门把手

继续向前移动头部，可以看到车尾再靠前一些的地方

图2-18　后退入位操作方法

判断后轮轴与车位前横线平齐的方法如图2-19所示。

对应前一步的方法一、方法二，倒车时，当前横线后移到刚从右后视镜中消失时，后轮轴与车位前横线基本平齐。对应前一步的方法三，在附加的小后视镜中可以直接看到轮轴与车位前横线平齐。对应前一步的方法四、方法五，看到车相对参照点后退约1米时，后轮轴与车位前横线基本平齐。

图2-19　判断后轮轴与车位前横线平齐的方法

3. 停车

停车操作方法如图2-20所示。

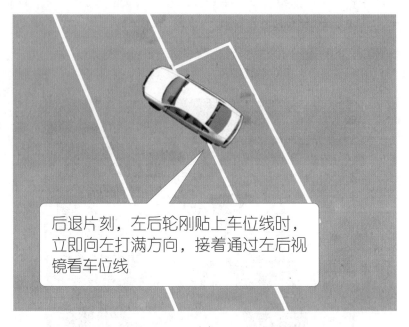

（a）

（b）

图2-20

此时左后视镜里看到的车位线的位置

（c）

图2-20 停车操作方法

4. 驶出车位

开左转向灯，自动挡车挂D挡，手动挡车挂一挡，可配合半联动。起步后，向左打满方向前进。如图2-21所示。

左前角接近路的左边线时，调整车身使其与路边线平行前进，即可驶出车位，到指定位置停车即可

图2-21 驶出车位操作方法

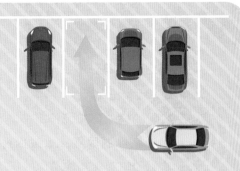

第三部分

横向（垂直）停车场安全停车

　　停车过程中免不了倒车，可以借助倒车可视系统倒车，但是没有正确的方法，照样无法倒入车位，因为车的转弯半径是固定的。倒车时必须缓行，把脚放在刹车踏板上，即使撞上了后方盲区里突然出现的看不见的人也可及时停住，从而避免产生严重的后果。

 注意：

　　尽管驾驶方法和考试时一样，但是车位宽度的不同，车型的不同，按照考试时的位置选参照点，也可能造成几十厘米的差异，如果操作不慎，极有可能酿成事故。

一、倒车入库与实际横向停车场停车之间的异同

（一）相同之处

　　都是要倒入车位。

（二）不同之处

　　倒车入库考试项目无论是训练还是考试的时候，周围的

扫一扫
看动画视频听讲解

环境都比较简单。例如，很少有其他车辆开来，除了学员外一般没有其他行人，非机动车很少出现。

实际的横向停车场停车情况则复杂很多。比如前一时刻静止的车辆可能会突然出现在你的周围，本来你打算进去的车位却被别人抢先一步占用了，行人、非机动车突然挡住了你的行驶路线，或者突然挡住了你的视线等。

二、入位操作方法与失败原因分析

因为两后轮的转弯半径是固定的，所以入位前首先要选择合适的起始位置，起始位置不合适将导致无法入位。下面以右倒入位为例说明，左倒入位类似。

 说明：

　　以下参照点的位置都是针对标准车位选取的，其他宽度的车位，参照点的位置有差别。

（一）成功倒车入位的规律和基本技巧

成功倒车入位的规律和基本技巧如图3-1所示。

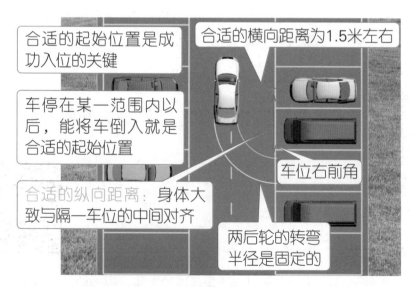

（a）

起始位置（纵向、横向位置）合适时，在右后视镜里看，车位右前角大致在后视镜的右下角附近，看这个位置也可以确定合适的起始位置。在后退的过程中可以以看右后视镜为主，反复扫视其他后视镜和周围，以确认安全。右转弯倒车以看右后视镜为主，左转弯倒车以看左后视镜为主

车位右前角

（b）

图3-1　成功倒车入位的规律和基本技巧

（二）在车内观察确定距离和位置的方法

1.　确定横向距离的方法

确定横向距离的方法如图3-2所示。

让车头右边这个位置附近压住右侧车位边线前进，即可保证车右侧与右侧车位边线相距约1.5米

车头中间大致对应右轮的位置

图3-2　确定横向距离的方法

2. 确定纵向距离的方法

确定纵向距离的方法如图3-3所示。

确定纵向起始位置时请看右前窗

前进到身体与隔一车位约1/2处对齐时停车

图3-3　确定纵向距离的方法

3. 确定横向、纵向位置的方法（试验法）

在停车场车少的时候，不管用什么方法，先把车停到车位里（也可以找场地在车旁画车位），然后打满方向开出来，车身与车位线平行时立即停车观察车位线在车头上的位置（横向位置），并转头看右方车位的位置，从而确定身体对应的右方车位的位置（纵向位置），记住它们。如图3-4所示。

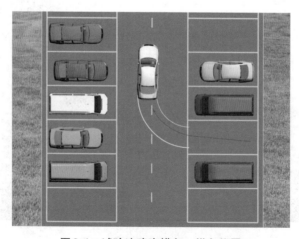

图3-4　试验法确定横向、纵向位置

以后按试验所看到的位置附近作为倒车的起始位置即可。只要起始位置偏差不大，都可以入位。

注意：

不同车型和车位宽度，起始位置都有些差别，所以不要以为一种车型、某种车位能够熟练进入了，另一种车型、另一宽度的车位也能立即熟练进入。换辆车可以通过试验方法确定合适的起始位置，然后记住。换了车，遇到不同宽度的车位，要慢慢小心驾驶。如图3-5所示。

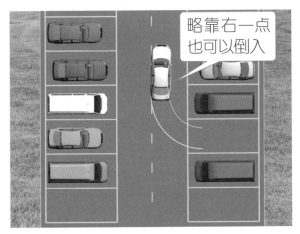

（a）

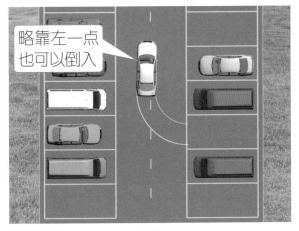

（b）

图3-5

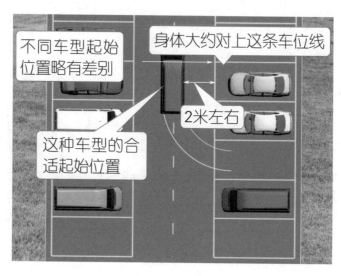

（c）

图3-5 不同车型和车位宽度的起始位置选取方法

（三）入位操作方法和操作步骤

1. 右倒入位方法一

右倒入位操作方法和操作步骤如图3-6 ~ 图3-8所示。

（a）

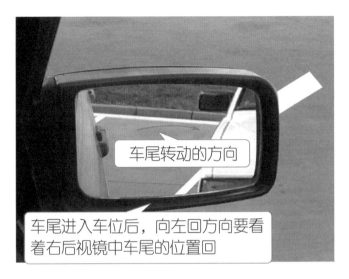

（b）

图3-6　右倒入位操作方法和操作步骤（一）

在整个后倒的过程中都要以看右后视镜为主，同时还要不断看左、内后视镜。

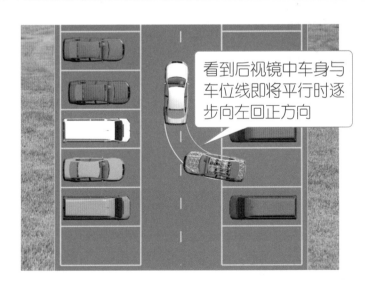

（a）

图3-7

看后视镜，车向正后方继续后倒

（b）

向左回正方向后右后视镜中的影像

车身在车位里平行居中时，在后视镜里看，车位线前面略宽，后面略窄，且左右后视镜中的影像是对称的

（c）

图3-7　右倒入位操作方法和操作步骤（二）

　　继续沿直线后倒，在后视镜中看到方向偏斜时可略微修正方向，以免剐蹭。有剐蹭危险时应立即停车，确认应向某一方向打轮后再继续后倒或开出去重来。

图3-8　右倒入位操作方法和操作步骤（三）

2. 右倒入位方法二

另外一种右倒入位的操作方法和操作步骤如图3-9所示。

（a）

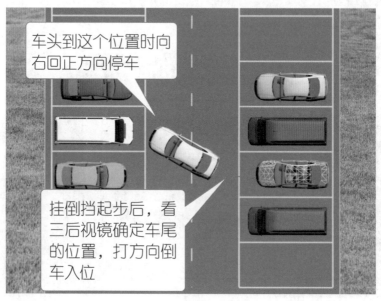

（b）

图3-9　右倒入位操作方法和操作步骤（四）

注意：

❶ 倒车入位的时候，一定要把脚放在刹车踏板上，让车靠怠速缓慢倒入，一旦有擦碰危险，即可立即刹车，可以避免出现把油门踏板当成刹车踏板踩的情况。

❷ 倒入车位的时候要仔细观察车后有没有小孩、站着专心讲话或者玩手机的人、宠物等。

3. 车头向里入位方法

车头向里入位操作方法（以右转入位为例）和操作步骤如图3-10所示。

在车内看到车头遮住待入车位延长线时（注意不同的人、不同的驾驶姿势，这个位置有小差别），迅速向右打满方向

（a）

图3-10

（b）

（c）

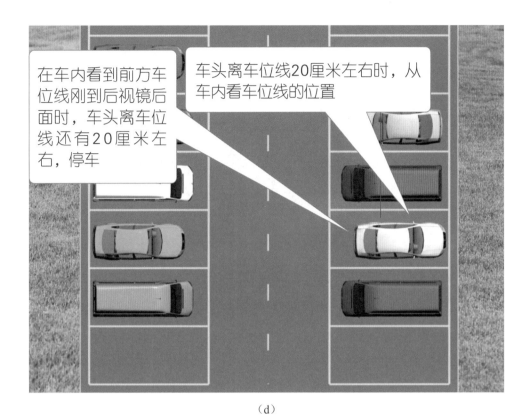

（d）

图3-10　车头向里入位操作方法和操作步骤

（四）入位失败原因分析

起始位置不合适是导致无法入位的根本原因。如图3-11所示。

扫一扫
看动画视频听讲解

（a）

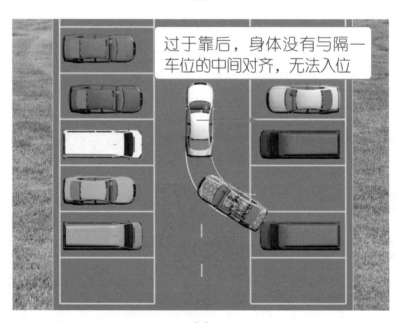

（b）

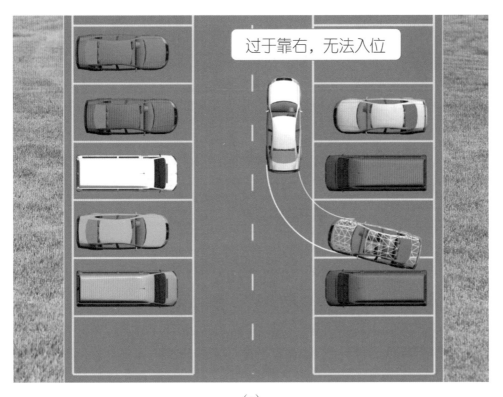

（c）

图3-11　入位失败的原因分析

三、出位操作方法和注意事项

扫一扫
看动画视频听讲解

（一）直接驶出车位

直接驶出车位的操作方法如图3-12所示。

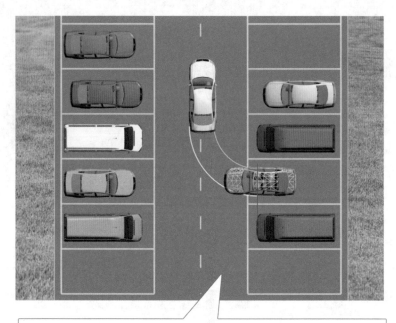

身体到其他车的车头时，向右（或向左）打满方向驶出，看后视镜，不要碰擦到右面（或左面）的车辆，注意车的左角（或右角）不要碰到对面车辆

（a）

出位的过程中还要注意看右（或左）后视镜，以确认车身右（或左）侧的安全

（b）

出位时要注意看左（或右）前角，注意不要碰到对面车辆

（c）

图3-12 出位操作方法（一）

（二）倒车出位

倒车出位的操作方法如图3-13所示。

自动挡车挂R挡，手动挡车挂倒挡，半联动控制车速。向右打方向，看右、左、内后视镜确定右、左、后方安全，注意看车头左角，不要碰上对面车辆

（a）

图3-13

（b）

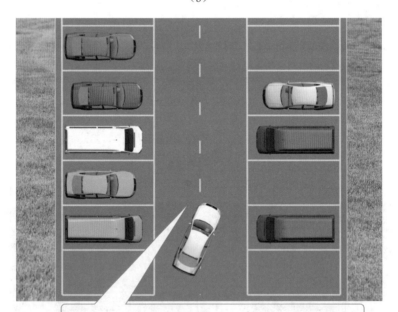

（c）

图3-13 出位操作方法（二）

（三）出位操作注意事项

❶ 对着街中心或者门面房倒车出位的时候，一定要注意过往的小孩、行人、宠物、非机动车等交通参与者。有倒车雷达、影像系统的车辆倒车的时候，不能完全依赖它们，还必须通过后视镜，或直接转头看周围的情况。

❷ 注意观察车的前角，防止发生碰擦，注意车身不要碰擦旁边的车辆。

第四部分

纵向停车场安全停车

一、侧方停车与实际纵向停车场停车之间的异同

这种停车场停车操作方法和驾驶员考试项目中的侧方停车一样，只是实际停车场中，停车的情况比较复杂，前一刻静止的车后一刻可能就动了起来；本来车后没有人，可能趁你慢慢倒车的功夫就到了后面。

二、入位操作方法与出位注意事项

纵向停车场入位操作方法和操作步骤如图4-1所示。

扫一扫
看动画视频听讲解

注意：

❶ 倒车入位的时候，一定要把脚放在刹车踏板上，让车靠怠速缓慢倒入，一旦有碰擦危险，立即刹车，可以避免出现把油门当成刹车踩的情况。

❷ 倒入车位的时候要仔细观察车后有没有小孩、站着专心讲话或者玩手机的成人、宠物等等。

车右侧与边线相距
30厘米左右前行

（a）

两车平齐时停车

（b）

图4-1

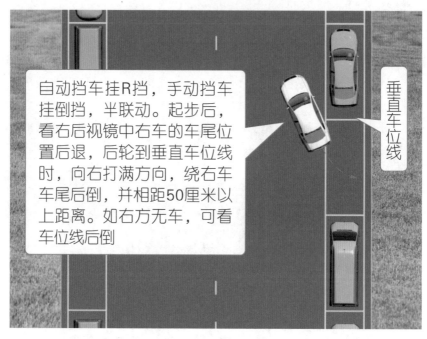

自动挡车挂R挡，手动挡车挂倒挡，半联动。起步后，看右后视镜中右车的车尾位置后退，后轮到垂直车位线时，向右打满方向，绕右车车尾后倒，并相距50厘米以上距离。如右方无车，可看车位线后倒

垂直车位线

(c)

在左后视镜中看到待入车位右后角时回正方向，沿直线后退

右后角

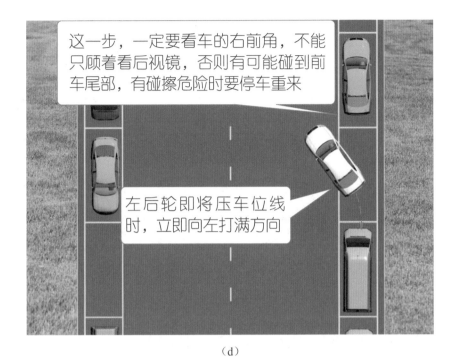

（d）

图4-1

（e）

停车后在左后视镜里看到的后车的影像

（f）

图4-1　纵向停车场入位操作方法和操作步骤

出位注意事项如下。

❶ 注意观察车的两个前角，尤其是右前角，防止发生碰擦，出位后注意右侧车身不要碰擦右面的车辆，左前角不要碰擦左面的车辆。

❷ 如果前后距离过窄，可以通过反复进退的方法出位，出位的过程中必须注意车的四个角的位置和前后保险杠的位置，以免发生碰擦事故。

❸ 出位的时候如果遇到需要先倒车的情况，必须确认后面的安全，以免发生挤压类事故。

三、事故原因与预防方法

碰擦四角的原因：当中间道路比较狭窄的时候，如果入位、出位的过程中判断失误，操作不当就会引起车角碰擦事故。如图4-2所示。

扫一扫
看动画视频听讲解

图4-2 入位、出位事故原因

解决办法：向左回方向的时候要让右前角与前车左后角
保持30厘米左右的安全距离，在车内看将是50厘米左右，判
断不准时下车观察。如图4-3所示。

扫一扫
看动画视频听讲解

在车内看距离时，如果沿着发动机盖的面看，则无论什么时候距离似乎都是0，这是由于眼、发动机盖、前车左后角"三点"重合造成的错觉

必须看水平方向的距离

可以通过在前车左后角的位置摆放桩杆、纸箱等方法来观察训练，也可以直接在本车的右前角摆放桩杆、纸箱等来观察

（a）

用桩杆练习观察碰擦的距离，实际驾驶中为了安全，应是这个距离的2倍以上

桩杆

（b）

图4-3　入位、出位事故解决办法

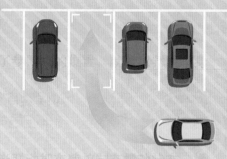

第五部分

斜向（斜线）停车场安全停车

一、一般入位方法

斜向停车场一般入位操作方法和操作步骤如图5-1所示。

扫一扫
看动画视频听讲解

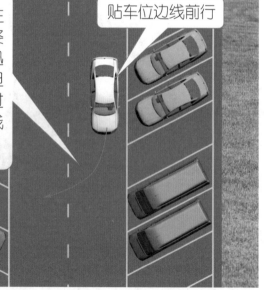

车头遮住下一车位1/4左右（注意不同的人、不同的驾驶姿势，这个位置有小差别），迅速向右打满方向，前进中不但要确认前方安全，还要通过左、右后视镜观察待入车位线的位置

贴车位边线前行

（a）

（b）

图 5-1

沿直线后倒时要看着左、右
后视镜修正方向，左、右后
视镜中的影像是对称的

（c）

再根据前面介绍的方法，通过
后视镜判断车尾到位时停车

（d）

图5-1　一般入位操作方法和操作步骤

二、仿横向停车位入位方法

仿横向停车位入位操作方法和操作步骤如图5-2所示。

先前进到横向、纵向距离都合适的位置，停车

纵向距离（距隔一车位约1/2处）

横向距离（1.5米左右）

（a）

挂倒挡，半联动，起步后迅速向左打满方向，车尾即将入位时，根据左、右后视镜中看到的车尾的位置，向右回方向，回正时让车身刚好处于车位平行居中的位置即可，如有偏斜，略微调整方向

（b）

图5-2

扫一扫
看动画视频听讲解

沿直线后倒时要看着左、右后视镜修正方向，要少打少回，车尾到位时停车

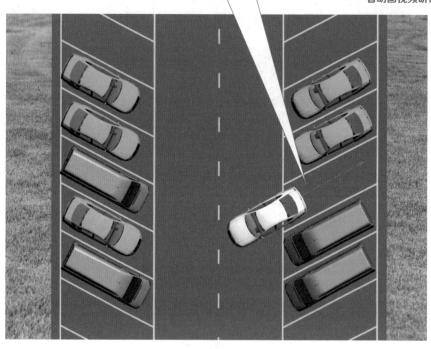

（c）

图5-2　仿横向停车位入位操作方法和操作步骤

三、倒车出位注意事项

❶ 对着街中心或者门面房倒车出位的时候，一定要注意过往的小孩、行人、宠物、非机动车等交通参与者。

❷ 有倒车雷达、影像系统的车辆倒车的时候，不能完全依赖它们，还必须通过后视镜，直接转头看周围的情况。

❸ 注意观察车的前角，防止发生碰擦。

❹ 出位时注意车身侧面不要剐碰旁边的车辆。

扫一扫
看动画视频听讲解

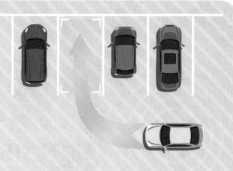

第六部分

地下停车场安全停车

一、实际的地下停车场

二、安全停车注意事项

在地下停车场内转弯的时候除保持很慢的车速外，由于光线较差，应更加仔细地看车头的两前角和左、右后视镜，一旦有碰擦危险立即停车，必要时下车观察。此外还应注意图6-1所示的事项。

有的停车场，入口、出口在一起，在入口、出口处有标志牌，要注意观察

（a）

进入入口通道前要注意观察通道内的交通状况和标志

（b）

如遇前车正在入口通道内，为了安全，应停车，等前车离开入口通道后再起步

（c）

（d）

图6-1　地下停车场停车注意事项

三、地下停车场上坡驾驶技巧

地下停车场上坡驾驶技巧如图6-2所示。

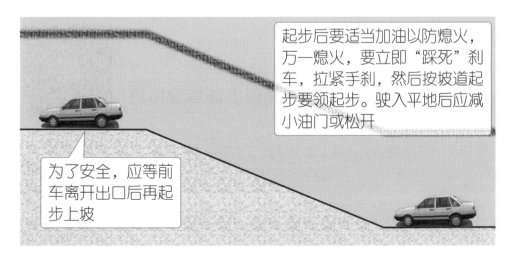

图6-2　地下停车场上坡驾驶技巧

四、地下停车场下坡驾驶技巧

地下停车场下坡驾驶技巧如图6-3所示。

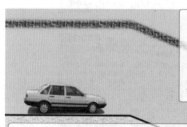

后轮即将离开入口通道时即可视车速减轻踩刹车的力量，离开通道后再完全松开刹车，根据实际情况确定脚是否离开刹车踏板。手动挡车可配合半联动，控制车速

确认前车离开入口后，按起步要领起步，下坡全程脚放刹车踏板上，进入入口通道后感到车速加快时立即适当踩刹车踏板（包括点刹）控制车速

图6-3　地下停车场下坡驾驶技巧

 注意：

　　无论是手动挡车还是自动挡车，都要以最低挡行驶，整个下坡靠刹车踏板控制车速即可。

五、地下停车场旋转式通道上坡驾驶技巧

地下停车场旋转式通道上坡驾驶技巧如图6-4所示。

六、地下停车场旋转式通道下坡驾驶技巧

地下停车场旋转式通道下坡驾驶技巧如图6-5所示。

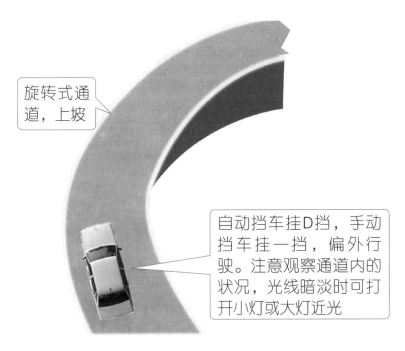

图6-4　地下停车场旋转式通道上坡驾驶技巧

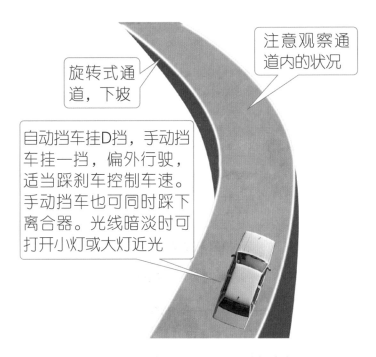

图6-5　地下停车场旋转式通道下坡驾驶技巧

七、将支柱或墙壁作为参照物停车技巧

有些车位间有支柱或墙壁，这时候可将支柱或墙壁作为参照物，确定后倒入位的起始停车位置时要考虑支柱或墙壁的宽度，一般为0.4米。如图6-6所示。

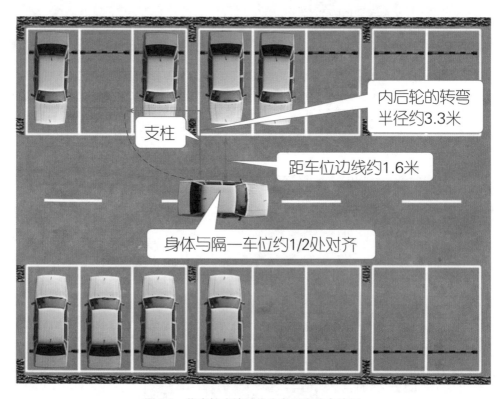

图6-6 将支柱或墙壁作为参照物停车技巧

扫一扫
看动画视频听讲解

第七部分
路边临时停车

一、临时停车的基本规则

如图7-1所示，在道路上临时停车，应当遵守下列规定。

❶ 在设有禁停标志、标线的路段，在机动车道与非机动车道、人行道之间设有隔离设施的路段以及人行横道、施工地段，不得停车。

❷ 交叉路口、铁路道口、急弯路、宽度不足4米的窄路、桥梁、陡坡、隧道以及距离上述地点50米以内的路段，不得停车。

❸ 公共汽车站、急救站、加油站、消防栓或者消防队（站）门前以及距离上述地点30米以内的路段，除使用上述设施的车辆以外，其他车辆不得在此路段停车。

❹ 车辆停稳前不得开车门和上下人员，开关车门不得妨碍其他车辆和行人通行。

❺ 路边停车应当紧靠道路右侧，机动车驾驶员不得离车，上下人员或者装卸物品后，立即驶离。

❻ 城市公共汽车不得在站点以外的路段停车上下乘客。

此外，不要在下面的地点临时停车，在这些位置停车不仅违反交通法规的规定，而且妨碍他人的通行，也很危险。

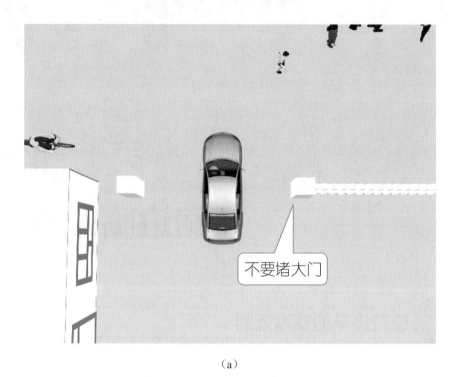

（a）

（b）

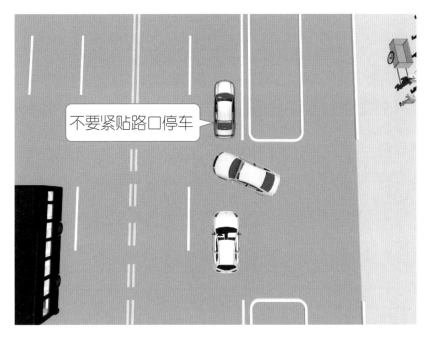

（c）

（d）

图7-1

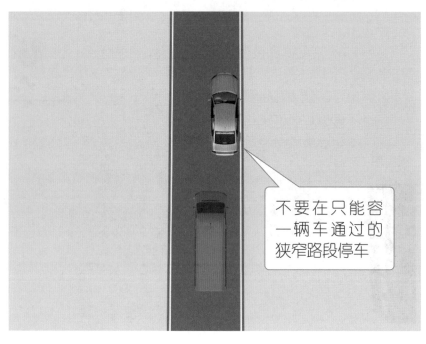

（e）

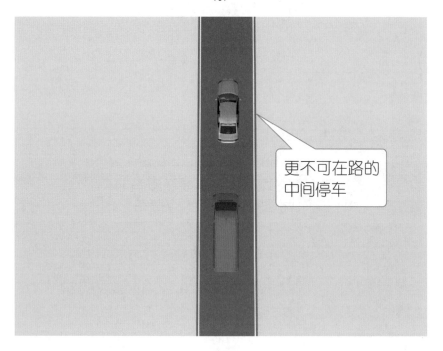

（f）

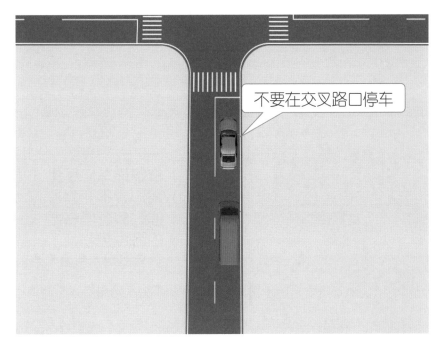

（g）

（h）

图7-1

（i）

图7-1　路边临时停车基本规则

二、临时停车时灯光的使用

雨、大雪、夜间临时停车应当开启危险报警闪光灯、示廓灯和后位灯，雾天还应当开启雾灯。一般的雨、雪天临时停车只开启危险报警闪光灯即可。

三、路边临时停车与起步注意事项

（一）临时停车

要通过右后视镜，直接目视右侧右后视镜的盲区，防止碰擦右侧行人、非机动车、摩托车、路边树木、垃圾桶等。要防止碰擦车右侧前、后角和车身。

不要让车轮触轧路沿石（马路牙子）。

（二）起步

　　要通过左后视镜，直接目视左后视镜的盲区，防止碰擦左侧车辆、非机动车、摩托车等，看准时机，要果断起步插入车流。起步时不能猛拐并线，要逐渐并入，也不能只顾看左面的情况而忽视其他情况，应以观察左面情况为主反复扫视前方的情况，并适当顾及右方和右后方的情况。

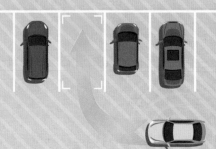

第八部分

立体车库停车

一、立体车库

（一）立体车库简介

如图8-1所示，立体车库就是在立体空间内存放车辆，具有占地面积小、空间利用率高等优势，可有效缓解城市停车难的现状。现在的立体车库是精密的信息化机电设备，通过刷卡实现停车、取车，开上升降平台即可（对新手来说，开上狭小的平台有一定难度，后面介绍具体的技巧），十分方便。

立体车库靠自动化机械

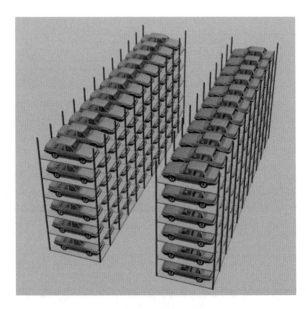

图8-1 立体车库

搬运汽车，实现汽车的停、取。 根据机械搬运方式的不同，立体车库一般可分为垂直循环式、多层循环式、水平循环式、升降机式（电梯式）、升降导轨式、车面往复式、组合式几类。立体车库的工作方式驾驶者不需要了解，因此这里不做介绍。不管哪种形式的立体车库，都要通过升降机平台来存车，因此停车方法都是一样的。

（二）立体车库的操作流程

库门前一般都有工作人员帮助驾驶者刷停车卡。按下操作台上的绿色按钮，设备会自动吐出一张停车卡，车库感应门打开，汽车开到升降机平台上停好，车主锁好车门后，在车库门前刷一下停车卡，这时，电脑会出现提示："车内所有乘客，包括宠物是否已经下车？"，按下确认键后，自动停车系统还会使用激光扫描仪对车内进行检查，确保车上确实没有人或任何动物之后，自动停车程序正式启动。停车平台开始缓缓下降，停车平台就像个大圆盘，上面设有轮胎的凹槽。通过全程监控的电子屏幕，可以看到，车辆在短短的几十秒后，自动移入一个像电梯间似的小房子里，外面的屏蔽门合上，5秒后，就可以听到机械设备"轰隆隆"的响声，车子缓缓下降或者上升，操作系统会自动将汽车平移至空车位上，然后返回下一层继续停车。车主取车时，只需持卡到收费处缴费，之后再次在车库门前刷卡，车辆会被自动送入驶出口，并且自动调整为车头向外，车主便可以将车开走了。

每一个升降平台对面都放置有一面大镜子，这是为了帮助驾驶技术不太娴熟的车主观察车辆在升降平台上的位置的。平台入口内侧还标有"请关闭发动机、拉紧手刹、关好车门、收好后视镜、收起电线、锁紧后备厢"等提示。

由于全自动停车库内部完全封闭，实行人库分离，既不需要工作人员协助，也不允许任何人进入车库内部，因此大大提高了车库的安全性。所以没有人能触碰到你的车，也不用再担心丢东西，这里就像是车主的"私家停车场"。

需要注意的是，立体车库对车的尺寸有要求，不同尺寸的车存放在不同的位置，要按尺寸信息提示从相应的入口进入。

所以，在停入立体车库之前，首先是要判断车位的大小，是不是适合自己的爱车。绝大部分立体车库的车位对所停入车辆的长、宽、高以及车重都有明确限制。如果你开的是中小型轿车的话，影响不大，但如果是中大型车的话，需要特别注意车长限制。常见的立体车库车长标准有4.7米、5米和5.2米等，可按需选择。

二、立体车库停车入位原理

对于个别老式立体车库，停车入位原理和横向停车场停车的原理相同，只是升降平台比较窄，两边只有20厘米左右的间距，倒车入库要求更精确。可以在车辆较少的停车场，让车身贴近一侧20厘米左右练习入库技术。没有条件的，只能在立体车库上直接操作，可以通过多倒几把的方法来倒车入位。停车入位的关键还是起始位置要停合适，停合适了，一次即可顺利倒入。请参看"横向停车场停车"的相关内容，这里不再重复介绍。停好车后最好把后视镜折叠起来。

对于多数立体停车场，驾驶员只需要把车准确开上狭小的升降平台即可。

三、入位操作方法

对于个别老式立体车库，停车入位的操作和横向停车场一样，这里不再介绍。

下面介绍如何准确停上多数立体车库的升降平台。

（一）有镜子的升降平台

驶入全智能化立体车库有镜子的升降平台驾驶技巧如图8-2所示。

扫一扫
看动画视频听讲解

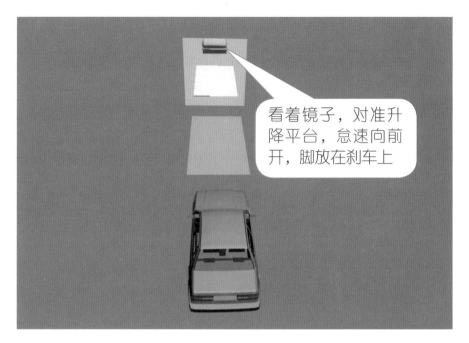

（a）

（b）

图8-2　驶入有镜子的升降平台

（二）无镜子的升降平台

驶入全智能化立体车库无镜子的升降平台驾驶技巧如图8-3所示。

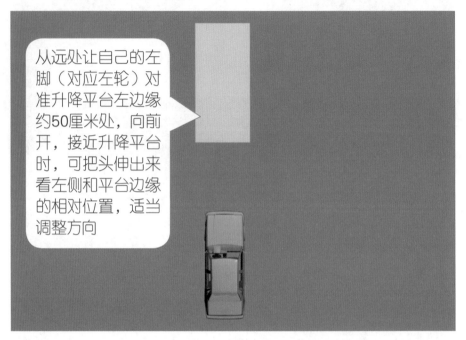

从远处让自己的左脚（对应左轮）对准升降平台左边缘约50厘米处，向前开，接近升降平台时，可把头伸出来看左侧和平台边缘的相对位置，适当调整方向

（a）

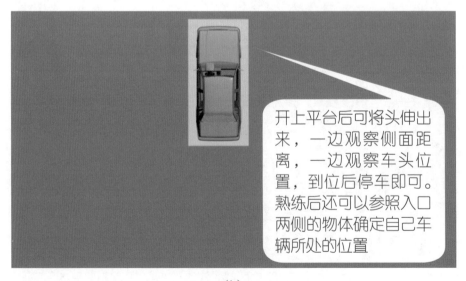

开上平台后可将头伸出来，一边观察侧面距离，一边观察车头位置，到位后停车即可。熟练后还可以参照入口两侧的物体确定自己车辆所处的位置

（b）

图8-3　驶入无镜子的升降平台

如果有停车场工作人员指挥，最好也把头探出来观察，因为指挥毕竟还是不直观，判断车辆位置最终还得靠驾驶员。

四、出位操作方法

扫一扫
看动画视频听讲解

对于个别老式立体车库，出位的操作和横向停车场一样，这里不再介绍。

现在的多数立体车库，刷完卡取车时，升降机平台自动将车头调整成向外，只需将两个后视镜扳到正常位置，开出车位即可。

五、立体车库停车注意事项

立体车库停车时，应注意以下几点。

❶上平台一定要慢，手动挡车可利用离合器半联动控制车速，脚放在刹车上，随时准备刹车；自动挡车可轻踩刹车控制车速。脚放在刹车上方的好处是，避免误踩油门，到位时一脚踩死刹车即可。

❷一定要根据立体停车场的车辆尺寸提示信息，进入适合自己车辆尺寸的入口，否则将无法停车。

❸下车前一定要检查车上还有没有小孩、宠物，或者是其他人，确认他们都下车后驾驶员再下车。下车前一定要拉紧手刹，带上该带的物品；下车后锁好车门，把后视镜折叠起来，然后刷卡确认。

扫一扫
看动画视频听讲解

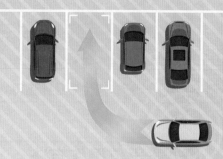

第九部分

不同车型及门禁系统停车技巧异同点对比

一、小轿车和SUV

不管什么车型，由于斜向停车场、纵向停车场停车基本没有差别，因而不做介绍，这里只介绍差别比较大的横向停车场停车技巧的异同。

现实中经常会遇到这样的问题，一般的车位小轿车可以很轻松地停进去，而换成SUV或者很多7座以上的车辆却停不进去了。下面来讲讲其中的奥妙。

扫一扫
看动画视频听讲解

不管什么车，停车入位的原理都是一样的，停车入位的起始位置是由内后轮的转弯半径决定的，所以尽管原理一样，内后轮的转弯半径不同，起始位置就不一样。若起始位置不合适则很难一把倒车入位。

小轿车的停车技巧如图9-1所示。

SUV或者很多7座以上的车辆内后轮的转弯半径都比小轿车大许多，因而停车起始位置不同于小轿车。如图9-2所示。

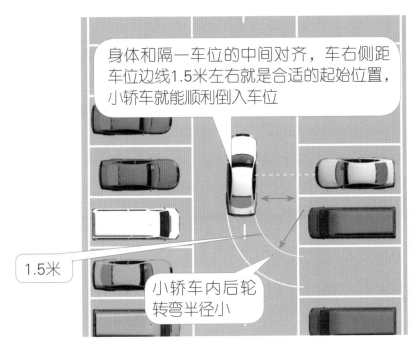

图9-1　小轿车停车技巧

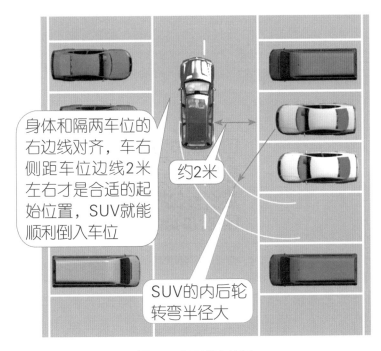

图9-2　SUV停车技巧

可以看到，如果按小轿车的起始位置后倒，SUV是无法倒入空位的，只能倒到空位之后。

确定SUV或者很多7座以上车的起始位置可以通过实验方法获得。找个驾驶员高手倒进去或者自己多倒几把倒进去，然后开出来，等身体过了车位横线便打死方向，车身和车位线即将平行时回正方向，这时候会发现你的身体刚好对准了隔两车位的右边线，车身右侧距车位横线2米左右，这就是倒车的合适起始位置。其他转弯半径更大的车也都可以通过这种方法试验得出。

注意：

倒车入库的时候要不断反复扫视左、右后视镜，并兼顾看内后视镜（防止撞上后方障碍物）。如果有倒车雷达或可视系统（也有盲区，尤其是车尾的两后角），也要配合看左、右后视镜。

二、三厢车和两厢车

扫一扫
看动画视频听讲解

三厢小轿车和两厢小轿车停车入位的原理、起始位置都一样，因而倒车入位没有什么区别，唯一不同之处是三厢车后备厢长出来一截，后倒和出位的时候必须更谨慎一些。如图9-3所示。

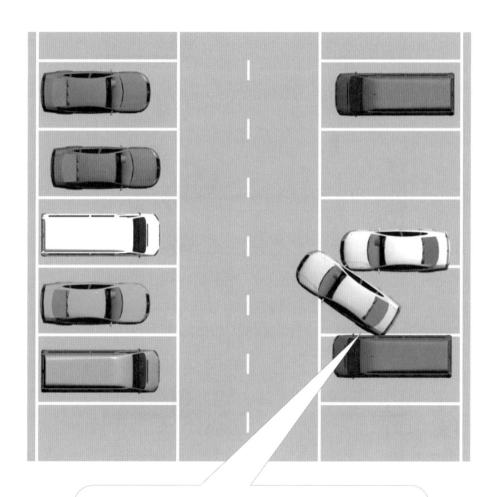

不管是入位还是出位，由于三厢车长了一截，两厢车不碰擦，三厢车却有可能碰擦。因此，入位或者出位的时候，要通过后视镜不断观察车尾两角的位置，尤其是出位时打方向过早容易造成碰擦，要等身体到了车位横线，再打满方向

（a）

图9-3

（b）

（c）

图9-3　三厢车和两厢车停车技巧异同对比

三、插卡、取卡门禁系统和全智能化门禁系统

通过需要插卡、取卡的地下停车场，半智能化小区大门，半智能化立体停车场等的门禁系统时，以左后视镜为参照物，让左后视镜距离读卡器10厘米左右，使车辆靠怠速前行，脚放在刹车踏板上。当方向盘经过读卡器时，停车，此时就是驾驶员的左手最方便插卡、取卡的位置。

扫一扫
看动画视频听讲解

 注意：

对于插卡、取卡不熟练的人，通过门禁时一定要挂空挡，并拉好手刹；即使插卡、取卡熟练的人，也一定要牢牢踩住刹车踏板，以免车辆溜动，发生事故。

通过全智能化停车场、小区大门、单位等的门禁系统时，不存在插卡、取卡的问题，但是在经过车牌识别摄像头识别区域时，车速要慢，使车辆靠怠速前行，脚放在刹车踏板上。若速度过快，则轻点刹车进行控制即可，或者略停一下也可以。

扫一扫
看动画视频听讲解

 注意：

如果车牌识别失败，则只能先向后倒车，再重新识别。倒车前，必须先观察车辆后方情况。如果后方有车，则需将脚放刹车踏板上，缓慢倒车；可以同时打开双闪指示灯闪几下示意，当后方车辆做出反应后再继续倒车。如果后方车辆长时间没有做出反应，应停车，并继续提醒后车，万不得已时将手伸出车外或者下车提醒。

第十部分

小型牵引车安全停车

一、专用停车位停车

　　如果有小型牵引车的专用停车位，如图10-1所示，可以按照下面的操作来停车。

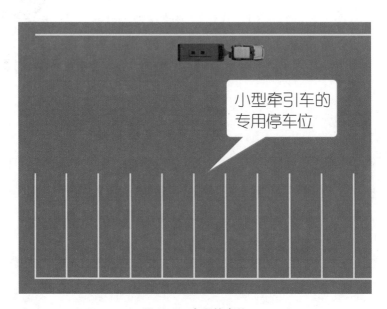

图 10-1　专用停车位

首先要把车开到起始位置。驾驶员身体要前进到要停车位隔五个车位左右的位置上，车的侧面也要和车位相距10米以上。

（一）左倒入位

开左转向灯，挂倒挡，缓行起步，向右打方向1圈左右，看着左后视镜中挂车左侧车尾倒车，在左后视镜中看到车位的左前角或旁边车头右前角刚露出车尾时，逐渐向左回方向，回1圈半左右，不要猛打猛回。回方向的原则是：在回的过程中让挂车车尾始终绕车位的左前角或旁边车头右前角20厘米左右后退。挂车和库位线快平行的时候看着左后视镜中挂车和本车的左侧，逐渐向右略微调整方向（必要时再向左略微调整方向），倒至车位底停车。

（二）右倒入位

开右转向灯，挂倒挡，缓行起步，向左打方向1圈左右，看着右后视镜中挂车右侧车尾倒车，在右后视镜中看到车位的右前角或旁边车头左前角刚露出车尾时，逐渐向右回方向，回1圈半左右，不要猛打猛回。回方向的原则是：在回的过程中让挂车车尾始终绕车位的右前角或旁边车头左前角20厘米左右后退。挂车和库位线快平行的时候看着右后视镜中挂车和本车的右侧，逐渐向左略微调整方向（必要时再向右略微调整方向），倒至车位底停车。

二、普通停车位

如果是普通的停车位，只能先将挂车拉到挂车车尾略微超过所要停的停车位，然后将挂车卸掉，用人力把挂车推进车位。

注意：

❶ 在实际的停车场倒车入库时，由于后视镜里看不到转弯对面一

侧的情况，所以必须慢行并找人在旁边观察，最好安装倒车影像系统，盲目倒车很容易发生意外。

❷ 轻型牵引挂车属于汽车列车，且自驾游爱好者可能经常会去荒郊野岭、山区道路等复杂交通环境地带，因此更要加强安全驾驶能力和意识的培养。转弯、转弯急刹车、直路急刹车等情况更容易翻车，必须控制好车速。绝对不可在弯道超车。

欢迎订购化工版汽车图书

书号	书名	定价/元	出版时间
43124	新能源汽车选购指南（配高清视频）	128.00	2023.08
42370	摩托车驾考＋驾驶手册（配动画视频讲解）	69.80	2023.04
41088	汽车驾考＋驾驶手册（套装2册）（配动画视频讲解）	99.00	2022.03
42406	车迷不可不知的100个智能汽车知识	69.80	2023.04
42438	车迷不可不知的100个新能源汽车知识	69.80	2023.03
38356	车迷不可不知的100个汽车知识	59.80	2021.04
42824	图说智能网联汽车技术	88.00	2023.05
41700	新能源汽车考证驾驶一本通（配动画视频讲解）	79.80	2023.01
41804	动画视频＋全彩图解 新交规与机动车违法记分细则	69.80	2023.01
40098	动画视频＋全彩图解 道路交通标志标线大全（配课件）	69.00	2022.02
38141	动画视频＋全彩图解 道路交通安全法规（配课件）	69.00	2021.04
39781	摩托车考证驾驶一本通（配动画视频讲解）	59.80	2022.01
41893	这样学交规 驾照不扣分（第二版）	69.80	2023.01
36176	无人驾驶技术	69.00	2020.05
38169	轻松拿驾照：新驾考全攻略（配动画演示视频）	69.00	2021.03
37745	汽车驾驶：从新手到高手（配动画演示视频）	59.80	2021.01
36200	一学就会的日常驾驶技巧（配动画视频版）	59.80	2020.05
30423	汽车知识与探秘（配动画视频讲解）	39.90	2018.01
39956	汽车电脑板维修从入门到精通（配教学视频）	99.00	2022.01
42530	汽车导航维修从入门到精通（配教学视频）	99.00	2023.03

书号	书名	定价/元	出版时间
40864	汽车数据流与波形　分析·识别·诊断·维修·案例	108.00	2022.06
39508	汽车防盗技术　原理·应用·检测·匹配·案例	168.00	2022.01
39108	汽车电控发动机　构造·原理·分析·诊断·维修	108.00	2021.07
37715	汽车零部件识别与故障处理大全（配高清视频）	99.00	2021.01
43336	新能源汽车零部件识别与故障处理大全（配高清视频）	108.00	2024.01
41660	图解新能源汽车　原理·构造·诊断·维修	128.00	2023.01
43811	新能源汽车整车故障诊断教程（配教学视频）	88.00	2023.08
42247	图解汽车线束技术基础	60.00	2023.01
42811	新能源汽车关键技术（第二版）	128.00	2023.06
43033	新能源汽车域控制技术	128.00	2023.05
44093	新能源汽车电池与驱动电机从入门到精通（配高清视频）	99.00	2024.01
38384	汽车传感器从入门到精通（配高清视频）	99.00	2021.04
42033	汽车绿色维修技术　基础·应用·案例	99.00	2023.03
42384	混合动力系统优化及智能能量管理	128.00	2023.03
42233	电动汽车分布式驱动控制技术	128.00	2023.01
42061	电动汽车一体化动力传动技术	128.00	2023.01
36842	汽车故障诊断手册（全彩图解＋视频讲解）	128.00	2020.09
37223	汽车维修手册（全彩图解＋视频讲解）	128.00	2021.01

以上图书由化学工业出版社出版。如需要以上图书的内容简介和详细目录，或者更多的专业图书信息，请登录http://www.cip.com.cn。

购书咨询：010-64518888；地址：北京市东城区青年湖南街13号（100011）。

如要出版新著，请与编辑联系。

编辑电话：010-64519275；邮箱：huangying0436@163.com。